아이패드 프로크리에이트로

캐릭터 이모티콘 만들기

★　★　★

아이패드로 가장 재미있게 돈 버는 방법

아이패드 프로크리에이트로

캐릭터
이모티콘
만들기

아이패드로 가장 재미있게 돈 버는 방법

이광욱 지음

출발 ~

우리는 매일 다양한 방식으로 대화를 하며 살아갑니다. 직접 만나거나 전화로 안부를 묻기도 하고, 스마트폰 속 다양한 메신저를 통해 대화를 나누기도 합니다. 이 중에서 스마트폰 메신저를 사용할 때 빼놓을 수 없는 것이 있습니다. 바로 '이모티콘'입니다. 다양한 감정을 센스 있는 그림과 문구로 표현해 주는 이모티콘은 요즘 시대에 없어서는 안 될 표현의 도구가 되었습니다. 아기자기하게 귀여운 스타일부터 톡톡 튀고 개성 넘치는 스타일까지, 이모티콘은 감정의 표현을 넘어 자신의 정체성을 표현하는 하나의 수단으로까지 이용됩니다. 과거에는 이모티콘 제작이 그림을 전공한 작가들만의 전유물로 여겨졌습니다. 하지만 현재는 제안의 문턱을 낮춘 다양한 플랫폼으로 인해 남녀노소를 불문하고 누구나 도전할 수 있고 또 수익까지 창출할 수 있게 되었습니다.

이 책은 평소에 '내가 직접 만든 이모티콘을 사용하면 얼마나 좋을까?'라고 상상했던 분과 이모티콘 제작에 관심 있는 분, 특히 아이패드를 구매했지만 다양하게 활용하지 못하고 동영상 시청용으로만 사용하고 계신 많은 분을 대상으로, 프로크리에이트 앱을 활용하여 이모티콘을 만들고 수익을 창출하는 방법까지 알려드리기 위해 만들어졌습니다.

이 책은 총 6장으로 구성되어 있습니다.

1장 이모티콘을 만들 때 필요한 것들

이모티콘을 만들 때 알아두어야 하는 것에 대해 이야기합니다. 이모티콘을 사용하는 플랫폼과 참고할 사이트를 소개하며, 저자가 많이 받았던 질문에 대한 답변을 정리해 두었습니다.

2장 이모티콘에 대해 알아보자

이모티콘에 대한 개념과 이모티콘을 기획할 때 중요하게 생각해야 하는 부분을 이야기합니다. 다양한 아이디어를 정리하는 방법과 아이디어를 바탕으로 소비자가 원하는 이모티콘을 제작하는 과정을 다룹니다.

3장 이모티콘 제작을 위해 프로크리에이트 앱 익히기

'프로크리에이트' 앱 사용법에 대해 이야기합니다. 각 메뉴에 대한 설명과 기본적인 기능을 이용하여 그림을 완성하는 방법을 익힐 수 있습니다.

4장 도전! 이모티콘 만들어 보기

저자의 이모티콘이 어떠한 과정을 통해 탄생하게 되었는지를 소개합니다. 이모티콘 기획부터 캐릭터 제작, 그리고 프로크리에이트를 이용하여 멈춰 있는 이모티콘부터 움직이는 이모티콘까지 실제 이모티콘 예제를 따라 하면서 나만의 이모티콘을 만들어 봅니다.

5장 이모티콘을 각 플랫폼에 맞게 내보내기

제작한 이모티콘을 카카오톡, 라인, 밴드, OGQ마켓이 원하는 사이즈와 포맷에 맞게 변환하고 내보내는 과정을 설명합니다.

6장 이모티콘 제안하기

변환된 이모티콘을 카카오톡, 라인, 밴드, OGQ마켓에 제안하는 과정과 제안 후 심사 및 승인, 그리고 판매 후 정산 받는 방법을 설명합니다.

> 누구나 이모티콘을 만들 수 있지만 처음 기획부터 최종 판매까지의 과정은 결코 쉽지 않습니다. 이 책은 저자가 몇 년간 작업하며 얻었던 경험, 즉 제작 노하우를 정리하여 독자 여러분에게 공유한다면 많은 분이 시행착오를 줄이고 작업에 집중할 수 있을 것이라는 생각에서 시작되었습니다. 이모티콘을 제작하고 싶은 모든 분께 작은 도움이 될 수 있길 바랍니다.

끝으로 이 책이 완성되기까지 도움을 주신 분들이 많이 계십니다. 책 출간을 권해 주신 비제이퍼블릭 김수민 편집자님, 온라인 강의를 통해 많은 것을 얻게 해주신 클래스101 스텝, 좋은 기회를 주신 인천콘텐츠코리아랩의 박현국 주임님과 웨이드의 박영규 대표님, 김보감 매니저님, 귀찮은 질문에도 항상 아낌없이 조언 해주시는 김선구 PD님, 김영삼 작가님, 웰시코기 이광복 씨의 가능성을 높게 평가해주시고 함께 노력해주시는 크레핸즈 이승재 대표님, 광복이 이모티콘의 탄생은 이분들 덕이라고 해도 과언이 아닌 네이버카페 코기러브 회원님들, 부족한 저에게 강의를 맡겨주신 인천콘텐츠코리아랩, 노원여성인력개발센터, 동강대학교, 인덕대학교, 이천시 청소년상담복지센터, 대구 CKL D-콘텐츠아카데미, 마포청년나루, 고양청취다방, 한양대학교, JVADA 관계자 분들, 항상 응원해주시는 의정부 김 이사님과 온이 작가님, 그리고 마지막으로 묵묵히 지켜봐 주는 가족과 이 모든 것들을 가능하게 해준 나의 사랑하는 반려견 광복이에게 감사의 말을 전합니다.

이광욱(광팔)

5000대1의 경쟁률 네이버라인스티커 공모전에서 '웰시코기 이광복 씨'로 우승한 광팔 작가

청강문화산업대학교 애니메이션과 졸업 이후 단편애니메이션부터 이모티콘 제작까지 꺼질 듯 꺼지지 않는 작가 생활을 이어가고 있다.
총 21종(카카오톡 9종, 라인 4종, 밴드 4종, OGQ마켓 4종)의 이모티콘을 승인받았고 '광복이네'를 운영하며 이모티콘을 넘어 캐릭터, 애니메이션 등 다양한 콘텐츠를 제작 중이다. 또한 '웰시코기 이광복 씨' 캐릭터 라이선싱 사업으로 영역을 확대하여 봉제 인형, 휴대폰 케이스, 무드등과 같은 굿즈 시장에서도 활약하고 있다.

- 카카오톡, 라인, 밴드, OGQ마켓 이모티콘 서비스
- 인천콘텐츠코리아랩 대표 캐릭터 '코코' 제작
- 서울일러스트레이션페어 참가(2018, 2019)
- 단편 애니메이션 제작
- 2019 경기국제웹툰페어 참가
- 2019 서울국제만화애니메이션페스티벌(SICAF) 참가
- 2018 KOTRA 아트콜라보레이션 전시 참가
- 이모티콘 제작 강의(인천콘텐츠코리아랩, 클래스101, 한양대학교, 동강대학교, 인덕대학교, 대구 CKL D-콘텐츠아카데미, 노원여성인력개발센터 등)

수상 이력
2019 경기콘텐츠코리아랩 - 랩메이커스 2기 우수상
2014 네이버라인스티커공모전 - 우승
2007 인디애니영화제 '다락' - 인기상
2004 대한민국애니메이션대상 - 특별상
2003 부산디지털콘텐츠대전(BUCON) - 은상
2003 서울국제만화애니메이션페스티벌(SICAF) - 신인감독상
2002 동아LG국제게임애니메이션페스티벌 - 캐릭터 디자인상

Email anime01@icloud.com | ⓘ @kwangpal | ⓕ facebook.com/kwangbogine | ▶ YouTube youtube.com/광복이네

'나도 이모티콘이나 한번 만들어 볼까? 혹시 알아?'라는 생각을 하곤 했습니다. 야심차게 그림을 그려 보겠노라며 구매한 책상 위에 올려져 있는 아이패드와 애플펜슬에게 미안한 마음에 가이드 문서들을 읽어 보면 사람이 이해하라고 써 놓은 것인지 의문이 들 정도로 어렵게만 느꼈습니다. 누군가 먼저 해본 내용 혹은 실수했던 내용을 핵심만 정리해서 이야기해줬으면 좋겠다는 생각만 가지고 있었습니다.

그런데 이 책을 통해 저의 갈증이 모두 해결되었습니다. 〈아이패드 프로크리에이트로 캐릭터 이모티콘 만들기〉는 이모티콘을 기획하는 시작부터 각 플랫폼에 제출하는 끝까지 필요한 내용의 모든 것을 담고 있습니다.

이제 제가 만든 이모티콘으로 지인들과 대화하는 날을 꿈꿔 봅니다!

강경구

이모티콘은 모바일 메신저나 카페, 블로그 등 어디에서나 사용됩니다. 나도 한번 이모티콘을 만들어볼까 생각은 하지만 어디서부터 어떻게 시작해야 하는지, 어떤 플랫폼이 있는지 그리고 어떤 툴을 사용해야 하는지 막막하기만 합니다.

이 책 한 권만 있으면 이런 막막함을 아주 시원하게 해결할 수 있습니다.

이모티콘 기획 과정과 프로크리에이트에 대한 친절하고 자세한 설명뿐만 아니라 간단한 도형을 활용하여 그림을 그리는 방법, 이모티콘 이미지 배치 방법, 다양한 플랫폼에 이모티콘을 제안하고 업로드 방법까지 알려줍니다.

책을 덮고 나면, '나도 진짜 이모티콘 작가가 될 수 있구나!'라고 생각하실 거예요.

김인숙

자신이 기획한 이모티콘을 마켓에 등록하고 싶으신 분들에게 필요한 모든 것을 담은 책입니다. 빈틈없는 설명과 풍부한 예제를 통해서 프로크리에이트를 처음 시작하시는 분들도 쉽게 따라 할 수 있게 되어 있습니다. 저는 이전에도 프로크리에이트 사용 경험이 있고 프로크리에이트에 대해 다 알고 있다고 생각했는데 몰랐던 내용까지 배울 수 있었습니다.

이 책과 아이패드, 애플펜슬만 있으면 여러분들도 이모티콘을 만들어 낼 수 있을 거예요! 지금까지는 아이패드로 소비만 해왔다면 이제부터는 생산적인 활동을 해 보는 건 어떨까요?

김창민

이모티콘의 기획부터 출시까지의 모든 과정을 한 권으로 끝낼 수 있는 책!

SNS가 활성화되면서 이모티콘 커뮤니케이션은 이른바 '인싸'에겐 필수적인 요소가 되었습니다. 비단 인싸뿐만 아니라 적재적소의 상황에서 텍스트보다 적절한 이모티콘 1개가 더 큰 웃음과 공감을 유발하는 시대입니다. 이모티콘은 꼭 아름다울 필요도, 완벽한 작품일 필요도 없습니다. 전달하고자 하는 의미만 통한다면 몇 마디의 긴 텍스트보다 더 강력한 전달력을 가집니다. 그런 의미에서 〈아이패드 프로크리에이트로 캐릭터 이모티콘 만들기〉는 아이디어 스케치부터 제작, 움직이는 이모티콘 설정, 국내외 이모티콘 플랫폼의 검수 및 출시까지의 전 과정을 한 권에 가득 담아 부담 없이 따라올 수 있게끔 친절히 가이드하고 있습니다. 만약 내 아이디어만으로 창작물을 만들어내고 싶으신 분이나, 평소에 공감 능력이 뛰어나다고 칭찬을 받는 분들이라면 한 걸음 시작할 수 있는 이 책을 추천하고 싶습니다.

오윤정

남들은 그저 그림을 쉽게 그리는 것 같았습니다. 아이패드를 구입하고서 그걸 흉내 내 본다고 열심히 따라 해 보았지만 늘 부족한 느낌이었습니다. 프로크리에이트를 제대로 배울 수 있는 도서는 적고, 어디에서도 프로크리에이트 활용법에 대한 친절한 설명을 듣기 힘들었습니다. 게다가 유튜브 동영상으로 설명하는 것이 대부분이라 아쉬움뿐이었습니다.

하지만 이 책을 읽고 도전할 수 있는 용기를 얻었습니다. 그 누구보다 친절한 작가님께서 그동안의 갈증을 시원하게 해결해주었습니다. 작가님이 내밀어 준 도움의 손을 잡으니 스킬은 자연스럽게 늘었고, 제가 만든 이모티콘을 세상 밖으로 내보낼 수 있었습니다.

아이패드로 그림을 그리는 것을 넘어 내 이모티콘으로 사람들과 소통할 수 있는 그 날이 현실이 되게 만들어 주는 이 책을 추천합니다.

설화진

차례

Chapter 01 이모티콘을 만들 때 필요한 것들

Chapter 04 도전! 이모티콘 만들어 보기

Chapter 05 이모티콘을 각 플랫폼에 맞게 내보내기

Chapter 06 이모티콘 제안하기

웰시코기 Welshcorgi
이광복 Mr.LEE 씨

Chapter

Chapter

01

이모티콘을 만들 때
필요한 것들

Chapter 01 이모티콘을 만들 때 필요한 것들

이모티콘을 제작하기로 마음 먹었지만 막상 어떻게 만들어야 하는지 눈 앞이 깜깜하기만 합니다.
쉬운 듯 어려운 이모티콘 제작. 필요한 정보를 얻는 것부터 시작해야겠죠?
지금부터 하나씩 설명해 드릴게요!

1 다양한 이모티콘 플랫폼 알아보기

내가 만든 이모티콘을 어디에서 판매할 수 있을까요?
이모티콘 산업이 '핫'해지면서 이모티콘 플랫폼이 늘어나고 다양한 이모티콘 관련 앱 또한 출시되고 있습니다. 그중에서도 시장 형성이 잘 되어 있고 사용량이 많은 편인 플랫폼과 앱들을 알아보겠습니다.

▌카카오 이모티콘 샵

국내 이모티콘 시장을 이끌고 있고 누적 구매자가 2,400만명(2020년 기준)에 달하는 카카오톡은 많은 이모티콘 작가가 입점을 하기 위해 도전하고 있는 국내 최대의 이모티콘 샵입니다. 이모티콘의 사용량과 그로 인한 작가의 수익 면에서 독보적인 곳이죠. 워낙 경쟁률이 높아 기존 작가들도 신상을 내기 어려운 걸로 소문난 카카오 이모티콘 샵! 이모티콘 시장의 흐름을 파악할 수 있으니 자주 확인해야 하는 사이트입니다.

카카오 이모티콘 샵(e.kakao.com)

▌라인 스토어

라인 스티커(이모티콘)는 라인 스토어에서 구매할 수 있습니다. 라인은 공식 카테고리와 크리에이터스 카테고리로 나누어져 있습니다. 공식은 개인이 아닌 브랜드 캐릭터 스티커를 구매하는 카테고리이고 크리에이터스는 일반인이 제작하여 업로드하는 카테고리입니다. 여러분도 이모티콘을 제작하여 크리에이터스에 판매할 수 있습니다.

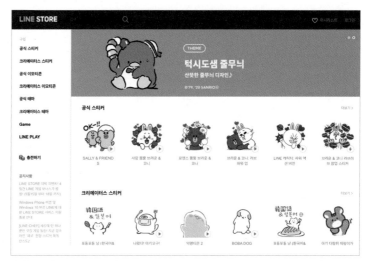

라인 스토어(store.line.me)

▌네이버 OGQ마켓

네이버 OGQ마켓은 네이버 블로그와 카페에서 쓸 수 있는 이모티콘을 구매하는 곳입니다. 네이버 블로그와 카페의 많은 이용자를 바탕으로 시장을 형성하고 있습니다. 이모티콘 이외에도 이미지, 컬러링 시트, 음원 등을 구매할 수 있습니다.

네이버OGQ 마켓(ogqmarket.naver.com)

▌네이버 밴드 스티커 샵

그룹 멤버를 위한 앱인 밴드에서도 이모티콘을 사용할 수 있습니다. 밴드 앱 내에서 게시물, 댓글, 채팅 등 모든 곳에 사용할 수 있습니다.

네이버 밴드 스티커 샵

▌모히톡×스티커팜

국내 이모티콘 서비스 플랫폼으로 삼성 Galaxy 시리즈의 문자메시지, 애플 아이메시지, 페이스북 Messenger, Zalo 등 다양한 메신저에 서비스되는 스티커 플랫폼입니다. 휴대폰에서 모히톡 앱을 설치한 후 이용할 수 있습니다.

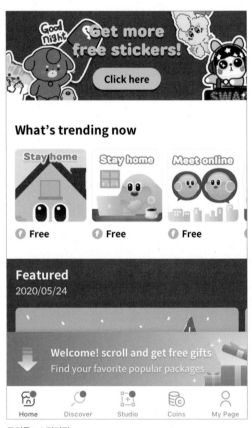

모히톡×스티커팜

아이패드 프로크리에이트로 캐릭터 이모티콘 만들기

▌애플 아이메시지 스티커 스토어

아이폰(iPhone)을 사용하는 분들이 이용하는 스토어입니다. 아이폰의 문자메시지를 사용할 때 스티커와 함께 보낼 수 있고, 움직이는 스티커도 가능합니다. 단 아이폰 유저만 볼 수 있습니다. 애플 개발자 사이트에 가입하여 개별적으로 이모티콘을 등록하거나 대행하는 업체를 이용하여 등록할 수 있습니다. 또는 모히톡에 스티커를 등록하면 아이메시지에서 함께 이용할 수 있습니다.

App Store

새로운 스티커
Boo: World's Cutest Dog
이렇게 귀여울 수가 있군요

우리가 사랑한 스티커 　　　　모두 보기

우주스타 BT21 소장필… 　₩2,500
스티커

초동이의 움직이는 그림… 　₩1,200
YISIN

아이메시지(iMessage)

아이메시지 스토어

---

② 장비와 프로그램

▌아이패드

이 책에서 다루는 장비는 애플의 아이패드입니다. 아이패드는 지금까지 매년 고급형, 보급형 등 여러 가지 버전이 출시되었습니다. 아이패드는 손가락을 이용해 그림을 그릴 수도 있고 따로 애플펜슬을 구매하여 사용할 수도 있습니다. 꼭 애플펜슬을 준비하시라는 말씀을 드리진 않지만 아무래도 그림을 그리는 작업이다 보니 원하는 선의 느낌이 있거나 세밀한 표현이 필요할 때는 손가락보다는 조금 더 정교한 작업을 할 수 있는 애플펜슬 사용을 추천드립니다.

아이패드는 성능도 성능이지만 휴대성이 가장 큰 장점입니다. 공간의 제약 없이 어느 곳에서든 작업을 할 수 있죠. 사실 애플펜슬 출시 전에는 그림을 그리는 용도로는 아쉬운 부분이 많이 있었습니다. 장난삼아 그리거나 대략적인 스케치 정도만 할 수 있는 정도였는데 애플펜슬 출시 이후로는 아이패드만으로도 프로페셔널한 작업을 할 수 있게 됐습니다. 완벽한 휴대성에 날개를 달아준 격이었죠. 저자 역시 현재는 일반 컴퓨터보다 아이패드로 더 많이 작업을 하고 있습니다.

그렇지만 애플펜슬이 없더라도 그림을 그릴 수 있으니 주어진 상황에 맞는 스타일의 이모티콘을 기획하여 작업하세요.

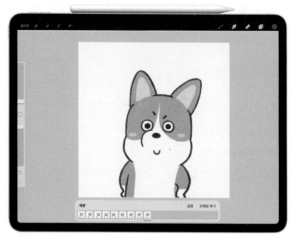

아이패드와 애플펜슬

프로크리에이트

Procreate(프로크리에이트)는 2011년 Savage Interactive에서 개발한 iOS용 그림 앱입니다. 투시도 가이드와 애니메이션 어시스트, 작업 내용 타임랩스 영상 기록 기능 등을 제공하고 64비트 색상, P3 색공간을 지원하며 자체 파일 형식인 Procreate 포맷이나 PSD, PDF 및 JPEG, PNG, TIFF, GIF, APNG, MP4까지 다양한 형식으로 파일을 내보낼 수 있습니다.

출시 초기에는 다양한 브러시와 채색 도구로 인해 일러스트레이션에 적합한 프로그램으로 알려졌었으나 꾸준한 업데이트를 통해 간단한 애니메이션, 움직이는 이모티콘 작업까지 할 수 있게 됐습니다. 무료 프로그램은 아니니 아이패드 앱스토어에 접속하셔서 가격을 확인하고 구매하시기 바랍니다.

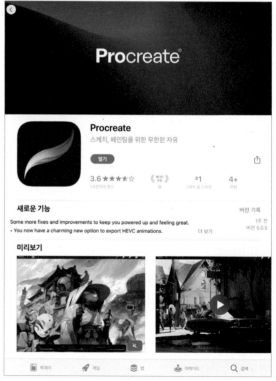

프로크리에이트

3 이모티콘을 제작할 때 필요하고 꼭 알아둬야 하는 사이트

이모티콘을 제작하여 업로드할 수 있는 사이트나 이모티콘 제작 시에 필요한 도움을 받을 수 있는 사이트입니다. 컴퓨터에 즐겨찾기 해두시고 이용해 보세요.

이모티콘 제안 및 관리 사이트

❶ 카카오 이모티콘 스튜디오

카카오톡 이모티콘 시안을 제출하고 심사 단계를 거쳐 승인 시에 제작이 이뤄집니다. 남녀노소 누구나 시안을 제출할 수 있습니다. 카카오 계정이 있다면 카카오 계정으로 로그인할 수 있습니다. 멈춰 있는 이모티콘, 움직이는 이모티콘, 큰 이모티콘 이렇게 세 가지의 시안을 제출할 수 있습니다. 시안 제출을 위한 규정이 있으니 살펴보시기 바랍니다.

카카오 이모티콘 스튜디오(emoticonstudio.kakao.com)

❷ 라인 크리에이터스 마켓

라인 스티커(이모티콘)는 라인 크리에이터스 마켓에서 제안하고 판매할 수 있습니다. 라인은 미풍양속을 해치지 않는 범위 안에서 원하는 이모티콘을 출시할 수 있습니다. 라인 계정으로 가입하고 로그인할 수 있습니다. 사이트에 있는 제작 가이드를 참고하여 작업한 후 업로드하면 심사 후 판매할 수 있습니다.

라인 크리에이터스 마켓(creator.line.me)

❸ 네이버 밴드 스티커샵

그룹 멤버를 위한 앱인 밴드에서 사용될 이모티콘 시안을 제출하는 사이트입니다.

PC 사이트로 접속하여 제작 가이드와 규정을 살펴볼 수 있습니다.

밴드는 제출할 이모티콘 시안의 개수가 많지 않기 때문에 상대적으로 준비하는 데에 수월합니다.

밴드 스티커샵(partners.band.us)

❹ OGQ 크리에이터 스튜디오

OGQ 크리에이터 스튜디오는 네이버 아이디와 연동하여 로그인할 수 있습니다. 콘텐츠를 제작하여 업로드하면 OGQ마켓에서 판매할 수 있습니다.

애니메이션 스티커, 스티커, 이미지, 컬러링 시트, 음원 등 다양한 콘텐츠를 제작하여 업로드할 수 있습니다. 업로드된 스티커는 네이버 블로그와 카페 등에서 게시물이나 댓글에 사용할 수 있습니다. OGQ 크리에이터 스튜디오에서 안내하는 가이드를 참고하시기 바랍니다.

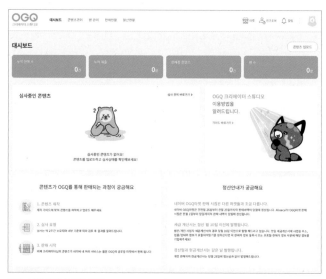

OGQ 크리에이터 스튜디오(creators.ogq.me)

❺ 모히톡×스티커팜

모히톡 사이트에 접속하여 회원가입 후 업로
드 메뉴에서 스티커를 업로드합니다.
제작 가이드를 참고하여 작업을 진행합니다.

모히톡×스티커팜(stickerfarm.mojitok.com)

❻ 애플 개발자 사이트(Apple Developer)

아이메시지 스티커를 등록하고 싶다면 애플의 개발자 사이트에 등록을 해야 하며 1년 이용료를 선납해
야 합니다. 그리고 애플의 개발 프로그램인 XCODE를 사용하여 제작한 후 사이트에 업로드하여 승인
절차를 밟아야 합니다. 개발자 등록 비용과 개발 프로그램 사용이 어려운 분들은 대행업체를 통해 등록
하고 수익을 나누는 방법을 사용하기도 합니다. 국내에서는 아이폰 간의 문자메시지보다 카카오톡, 라
인 등 서드파티 앱이 많이 쓰이기 때문에 상대적으로 사용량이 높지는 않습니다. 하지만 글로벌 시장에 공통적으로 업로드되는 장점이 있기 때문에 많은 작가들이 이용하고 있습니다.

애플 개발자 사이트
(developer.apple.com/kr)

┃ 참고 사이트

❶ 페이팔

페이팔은 해외 전자 상거래에 필요한 사이트입니다. 아마존, 이베이 등에서 결제할 경우에도 사용됩니다. 라인 크리에이터스 마켓을 이용하려면 페이팔 계정이 꼭 필요합니다. 스티커(이모티콘) 판매자가 되면 결제된 금액을 페이팔 계정으로 지급받게 됩니다. 회원가입을 할 때 'PayPal로 구매하기'와 'PayPal로 결제받기' 중에서 판매자를 위한 'PayPal로 결제받기'를 선택합니다. 은행의 개념처럼 돈이 저장되지만

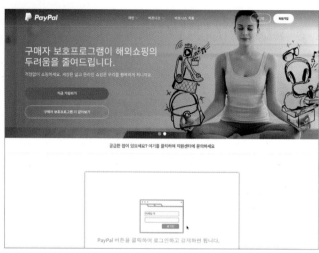

페이팔(www.paypal.com)

이자는 발생하지 않습니다. 저자의 경우에는 PayPal 계정에 쌓이는 금액을 이용하여 해외 직구 시에 결제를 하지만, 국내 은행 계좌로 송금할 수도 있으니 편리한 방법을 택하면 됩니다.

❷ tinyPNG

PNG, APNG, JPG 파일을 압축해 주는 사이트입니다. 플랫폼마다 파일의 크기가 정해져 있기 때문에 제작된 파일의 용량을 조정해줘야 하는 경우가 생깁니다. 조정이 필요한 PNG, APNG, JPG 파일을 붉은 박스부분으로 드래그하면 화질 저하없이 파일 용량이 줄어든 파일을 다운로드할 수 있습니다.

tinyPNG(www.tinypng.com)

❸ 카카오톡 이모티콘 만들기 카페

이모티콘 제작을 꿈꾸는 많은 분
이 가입되어 있는 국내에서 가장
큰 이모티콘 관련 카페입니다. 제
작에 관련된 다양한 정보와 의견
을 나누는 공간입니다.

카카오톡 이모티콘 만들기 카페
(cafe.naver.com/kakamoti)

---

4 이모티콘에 관한 Q&A

온라인 또는 오프라인으로 제게 이모티콘 제작에 관해 이것저것 물어 보시는 분들이 많았습니다.
이모티콘을 제작하기로 결심했지만 막상 시작하려고 보니 무엇부터 해야 할지 막막한 마음이 드셨기 때
문이겠죠. 대표적인 질문을 모아 정리해봤습니다.

Q 기존 작가만 이모티콘을 제작, 판매할 수 있나요?

A 아닙니다. 이모티콘 판매 초창기에는 카카오나 라인 등에서 선택된 작가들만 판매를 할 수 있었지만 지금은
카카오, 라인, 밴드 모두 누구나 지원할 수 있는 시스템입니다. 이모티콘을 기획하고 제작하여 심사를 받을
수 있는 사이트에 등록하면 내부 심사를 통해 승인 여부가 결정되고 승인이 되면 정식으로 카카오 이모티콘
샵, 라인 크리에이터 샵 등에 등록하고 판매를 할 수 있게 됩니다.

Q 그림을 못 그려도 이모티콘을 제작할 수 있나요?

A 이모티콘 아이디어는 넘치지만 그림을 그리는 것에 자신이 없는 분들이 많이 하시는 질문입니다. 그림을 단
시간에 잘 그리기는 어렵지만 꼭 잘 그린 그림만이 이모티콘으로 탄생하는 것은 아닙니다. 무조건 잘 그린

그림이 아닌 콘셉트에 어울리는 그림이라면 실력에 상관없이 완성할 수 있으며 캘리그라피, 사진 편집 등을 이용하는 방법들도 있습니다. 자신이 가지고 있는 무기가 무엇인지 잘 생각해 보시고 그에 어울리는 특징을 살린 제작 방법을 찾는 것이 가장 중요합니다.

Q 꼭 움직이는 이모티콘으로 만들어야 하나요?

A 초창기 이모티콘은 멈춰 있는 이모티콘들이 대다수였으나 현재는 많은 플랫폼에서 움직이는 이모티콘이 다수를 차지하고 있습니다. 움직이는 이모티콘은 메시지를 재미있는 상황 표현으로 설명할 수 있기 때문에 전달력을 높여주는 효과가 있습니다. 하지만 경우에 따라 단 한 장의 그림이 더 강한 전달력을 가지기도 합니다. 움직이는 과정에 대한 부담감이 있다면 멈춰 있는 이모티콘으로 메시지를 가장 효과적으로 전달할 수 있는 방법은 무엇인지 고민하고 작업하면 됩니다.

Q 어떤 장비를 사용하는 것이 가장 효과적인가요?

A 개인의 환경과 생활 패턴에 맞게 결정하면 됩니다. 그림을 그리자면 마우스보다는 태블릿, 혹은 모니터 화면에 직접 그림을 그릴 수 있는 신티크 같은 모니터 태블릿을 사용하시는 것이 작업의 결과물을 위해 더 효과적입니다. 외출이 많은 경우엔 아이패드도 매우 좋은 선택이 됩니다. 모두 고가의 장비이니 구매 전에 사용 장소 및 비용 등을 충분히 고려하여 구매하기 바랍니다. 이 책은 아이패드 사용에 초점을 맞춰 설명을 하니 참고하기 바랍니다.

Q 이모티콘에 사용되는 텍스트는 어떻게 작업하나요?

A 텍스트 없이 그림으로만 이뤄져 있는 이모티콘 외에도 전달하고자 하는 메시지를 텍스트로 정확히 표현하는 이모티콘 역시 많이 제작되고 있습니다. 이모티콘에 사용되는 텍스트에는 무료 폰트나 작가 본인의 손글씨가 많이 이용됩니다. 작가가 직접 적은 손글씨는 문제가 없지만 무료 폰트를 사용하게 될 경우 상업적인 이용은 허용이 되지 않을 수 있으니 폰트의 사용 매뉴얼을 참고하여 사용하시기 바랍니다.

Q 이모티콘 출시까지의 단계는 어떻게 되나요?

A 국내에서 가장 많은 사용량을 보이는 카카오톡의 출시 단계를 예로 들어 설명하면 일단 시안을 제작하여 접수하면 약 2주에서 한 달 동안 심사가 이뤄집니다. 그 이후에는 승인 여부를 메일로 통보받습니다. 승인이 되면 처음 진행하시는 경우에는 카카오 측 담당자에게 계약 및 향후 진행에 관한 메일을 받게 됩니다. 그 이후 상품화 단계에 들어가게 됩니다.

사전 검수 - 컬러 검수 - 애니메이션 검수(움직이는 이모티콘의 경우) - 최종 파일 검수 - 검수 완료 단계를 거치게 됩니다. 단계마다 필요한 파일을 업로드해야 하며 카카오 측에서 제공하는 전용 소프트웨어를 통해 최종 파일을 만듭니다. 섬네일, 리스트 이미지, 선물하기 이미지, 이모티콘 내용 등을 제작하면 모든 작업이 마무리됩니다. 그 이후 기존 제품들의 출시 스케줄에 따라 보통 1~3개월 정도 후에 출시일이 잡히고 판매가 시작됩니다.

라인의 경우엔 제작자가 업로드를 한 후 승인이 나면 바로 판매할 수 있는 구조입니다. 승인의 기간은 정해져 있지 않고 차이가 있으며 몇 주 안에 판매할 수 있습니다. OGQ의 경우 역시 라인과 비슷합니다. 플랫폼에 따라 시간이 더 소요되는 곳도 있으니 참고하시기 바랍니다.

Q 한 번 떨어진 이모티콘은 다시 사용하지 못하나요?

A 심사를 위해 제출했던 이모티콘이 미승인이 된 후에 다시 제출을 하게 되면 아무래도 통과의 확률이 거의 없겠죠? 기존에 제출한 내역이 존재하므로 떨어진 이모티콘을 그대로 제출하는 것은 무의미합니다. 떨어진 이모티콘을 냉정히 재검토하고 분석하여 삭제할 것은 삭제하고 추가할 것은 추가하여 재작업한 후 다시 제출한다면 다른 결과를 얻을 수 있습니다. 저자 역시 탈락했던 이모티콘을 수정한 후 다시 제출하여 승인받고 출시한 적이 있습니다. 카카오톡은 미승인의 사유를 알려주지 않으니 본인의 판단으로 수정하여 재작업해야 하고 라인의 경우엔 떨어진 사유나 수정할 내용을 알려주기 때문에 그 내용에 근거하여 수정한 후 다시 제안하면 됩니다.

Q 인터넷에서 유행하는 사진이나 신조어, 유행어 등을 사용해도 되나요?

A 인터넷에서 유행하는 내용이라고 해도 아무렇게나 사용을 해서는 안 됩니다. TV나 영화, 개그, 예능 프로그램, CF 등 다양한 매체에서 사용되는 유행어는 '소리상표'라는 저작권을 가지고 있습니다. 무단으로 사용하면 당연히 저작권 침해가 되므로 임의대로 사용해서는 안 됩니다. 하지만 내가 만든 독창적인 캐릭터를 이용하여 패러디나 오마주*를 하는 경우엔 사용해도 되는 경우도 있습니다. 대상에 따라 문제가 되는 경우도 있으니 꼼꼼히 검토한 후에 사용해야 합니다.

Q 승인된 이모티콘을 다른 플랫폼에서 판매할 수 있나요?

A 카카오톡의 경우 카카오톡에서 판매 중인 이모티콘은 타 플랫폼에서 재사용을 금지하고 있습니다. 하지만 콘셉트와 메시지는 동일하더라도 그림과 표현이 다르다면 문제가 되지 않습니다. 네이버 계열인 라인, 밴드, OGQ마켓의 경우엔 특별히 금지하고 있지 않아 재사용할 수 있습니다. 플랫폼마다 기준이 다를 수 있으니 플랫폼에서 배포하는 가이드와 규정을 잘 살펴보시고 작업하시기 바랍니다.

Q 판매가 시작된 이모티콘의 홍보는 어떤 방식으로 하나요?

A 이모티콘 판매가 시작되면 카카오의 경우 이모티콘 스토어의 신규 탭에 표시되며 메인에 소개가 되기도 합니다. 그 외의 특별한 홍보는 지원되지 않으며 작가가 개인 SNS를 통해 홍보하는 것이 요즘 추세입니다. 단,

---

*오마주(hommage): 불어에서 온 말로 '경의의 표시' 또는 '경의의 표시로 바치는 것'이라는 뜻입니다. 예술 작품의 경우 어떤 작품이 다른 작품에 대한 존경의 표시로 일부러 모방을 하거나, 기타 다른 형태의 인용을 하는 것을 가리킬 때 쓰는 말입니다. - 네이버

개인적인 홍보 시 카카오톡 문구는 사용할 수 있지만 저작권 등의 이유로 카카오톡 로고나 이미지는 사용할 수 없습니다. 라인의 경우엔 크리에이터스 마켓의 신규 탭에 표시가 되지만 워낙 많은 양의 이모티콘이 출시되는 관계로 순식간에 뒤로 밀리기도 합니다. 다른 플랫폼들도 신규 탭에서의 소개 이외에 별도의 홍보는 없는 편이며 작가 개인의 홍보가 대부분입니다.

Q 이모티콘 판매 후 수익에 대한 정산은 어떻게 이루어지나요?

A 이모티콘이 판매가 되면 계약 시에 정해진 비율대로 정산이 이루어집니다. 기본적으로 안드로이드 폰의 경우엔 구글이 30%, 아이폰의 경우엔 애플이 30%의 수익을 가져가며 남은 70%를 플랫폼과 작가가 나누게 됩니다. 플랫폼마다 배분의 비율이 다릅니다. 카카오톡의 경우 판매를 시작한 시점에서 2개월 후 정산이 이루어집니다. 라인의 경우엔 금액이 적립이 되며 작가가 정산 신청을 하게 되면 45일 후에 정산이 이루어집니다. 플랫폼마다 정산의 기준이 다를 수 있으니 계약 시에 확인이 필요합니다. 카카오톡이나 밴드, OGQ의 경우엔 등록된 은행 계좌로, 라인의 경우 페이팔 계좌로 수익금이 입금됩니다.

※ 개인 및 사업자에 따라 계약 내용과 수익 배분에 차이가 있을 수 있습니다.

Q 이모티콘 제작을 전문적으로 배울 수 있는 곳이 있나요?

A 요즘은 국비 지원 학원도 있고 몇몇 지자체에서 아카데미를 운영하는 경우도 있습니다. 지자체 홈페이지 또는 교육 관련 홈페이지를 검색해 보면 좋습니다.

저자의 경우 클래스101에서 온라인 강좌를 운영하고 있습니다. 안드로이드, 아이폰을 통해 시청할 수 있으며 저자의 SNS(www.instagram.com/kwangpal)를 통해 자세한 내용을 보실 수 있습니다.

아이패드 프로크리에이트로 캐릭터 이모티콘 만들기

Chapter

02

이모티콘에 대해
알아보자

02 이모티콘에 대해 알아보자

'이모티콘에 대해 알아보자' 시간에는 이모티콘을 만들고 싶은 초심자 혹은 캐릭터 제작 경험은 있지만 이모티콘 제작은 처음인 분들을 위해 이모티콘에 대해 알아보고 이모티콘 제작 시에 중요한 것은 어떤 것들이 있는지 살펴봅니다.

1 이모티콘이란?

이모티콘(Emoticon)은 감정을 뜻하는 단어인 'Emotion'과 기호를 뜻하는 단어 'Icon'의 합성어로 감정을 나타내는 기호를 말합니다. 아스키(ASCII) 문자를 이용하여 감정 상태를 표현했던 것이 시작이라고 알려져 있습니다. 문자와 기호, 숫자 등을 조합하여 만든, 다양한 얼굴 표정을 형상화한 것이 특징입니다. 재미있는 점은 동양과 서양의 표현 방식의 차이입니다. 동양은 주로 눈을 중심으로, 반면에 서양은 입을 중심으로 문자 이모티콘을 표현합니다.

동양의 이모티콘

이모티콘		설명
(^_^)	(^^)	미소 짓는 모습
(^-^)	^^	
(^_^;		겸연쩍어하는 모습
(;_;)	(T_T)	우는 모습
*^^*	(^^*	부끄러워하는 모습
^^//	^///^	
-///-	-_-*	
(^o^)	(^0^)	웃는 모습
(*_*)	(*o*)	놀란 모습
ㄴ(ⓞ0ⓞ)ㄱ		
(@_@)		눈이 뱅글뱅글 도는 모습
(-_-)	(——)	눈을 가늘게 뜨고 불만을 표시하는 모습

서양의 이모티콘

이모티콘		설명
:-)	:)	미소 짓는 모습
=)		
:'-(		우는 모습
:|		말을 안 하는 모습
:-P	:p	혀를 내미는 모습
:-(	:(	불만에 찬 모습
)-:		
:/		슬픈 모습
:-D	:D	웃는 모습
;-)	;)	윙크 짓는 모습
(-;		

국내에서도 1990년대 이후 하이텔, 천리안, 나우누리 등 PC 통신이 유행하며 아스키 문자를 이용한 이모티콘이 활발하게 사용되기 시작하였습니다. 기호 등으로 이루어졌던 일반적인 이모티콘과는 다르게 한글을 섞어 좀 더 다양한 감정표현을 하게 됐습니다.

PC와 인터넷이 발달함에 따라 더욱 다양한 이모티콘이 탄생하기 시작하였고 특히 일본의 아스키 문자 이모티콘은 일반적인 형식의 이모티콘과는 다르게 특수문자와 줄 간격을 이용하여 그림에 가까운 이미지 표현을 만들어 내었고 국내에서도 선풍적인 인기를 얻었습니다.

최근에는 다양한 그래픽을 활용하여 더 풍부하고 다양한 감정을 표현하는 단계에 이르렀습니다.

한글을 이용한 이모티콘		
이모티콘		설명
ㅠ_ㅠ	ㅜ_ㅜ	우는 모습
—_—^		한쪽 눈썹 치켜세우기
^_^;;;;;		땀을 흘리는 모습
——		삐진 모습
ㅇㅅㅇ	ㅇㅁㅇ	놀란 모습
@—@	@ㅁ@	뱅글뱅글
ㅇㅠㅇ		토하기 또는 침흘리기

일본의 아스키 문자 이모티콘	
이모티콘	설명
٩(^ᴗ^)۶	
(｡•ω•｡)/♥	
v(・∀・*)	
(*≧∀≦*)	웃음(미소)
✿(๑•ᴗ•๑)	
(○*'>∀<)ﾞ	
＼(★^∀^★)／	

스마일리

이러한 단계들을 거치며 발달한 이모티콘은 문자로 된 간단한 표정 위주의 표현을 지나 자신만의 개성을 표현하는 하나의 표현 방식으로 자리 잡았고 아바타와 같은 온라인 상에서 자신의 상태를 대변하는 존재를 만들기도 했습니다. 그 이후 스마트폰이 활성화되며 깜찍한 캐릭터, 사진을 이용한 움직이는 단계의 이모티콘까지 탄생하게 되었습니다.

현재의 이모티콘(왼쪽 위부터 시계방향으로 카카오프렌즈, 짤구, 무릎이,
웰시코기 이광복 씨, 펭수, 표정왕 김씨, 끔찍한 늬에시, 웰시코기 이광복 씨)

이렇게 이모티콘은 단순한 문자의 조합에서 시작되었으나 기술의 발달과 더 풍부한 감정표현을 원하는
사용자의 요구로 인해 끊임없이 진화하고 있습니다.

이모티콘은 어떠한 법칙이나 제약이 없으며 감정을 잘 표현하는 제작자의 빛나는 아이디어가 가장 중요
합니다.

2 이모티콘 제작 과정

많은 분께서 이모티콘을 만들어 보기로 마음을 먹은 다음 무엇을 가장 먼저 해야 할지 모르겠다고 합니
다. 그럴 때면 먼저 본인이 어떤 스타일의 이모티콘을 좋아하는지 살펴보시라는 말씀을 드리곤 합니다.
자신이 가장 좋아하는 스타일과 유머 코드, 즉 어떠한 이모티콘을 원하는지 파악하면 만들고 싶은 이모
티콘의 윤곽이 드러납니다.

먼저 이모티콘을 제작하기 위해선 여러 단계를 거쳐야 합니다. 머릿속 생각을 이모티콘으로 만들기 위한
아이디어를 수집하고, 정리합니다. 그리고 아이디어를 바탕으로 이모티콘의 콘셉트를 정한 후 이모티콘
을 잘 표현해 줄 배우인 캐릭터를 완성합니다.

캐릭터까지 완성이 되었다면 제출하고자 하는 플랫폼의 기준에 맞는 메시지의 개수를 확인하고 메시지를
정리합니다. 그리고 그 메시지를 잘 표현할 수 있는 동작을 연구하여 그림으로 옮기는 작업을 합니다.

나애미 이모티콘

혀 짧은 앙꼬 이모티콘

빵빵이 이모티콘

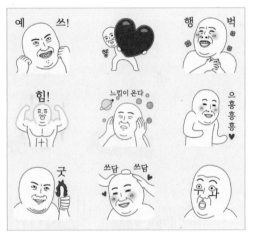

오늘의 짤 이모티콘

이 과정들을 간단히 정리하면 아래의 단계와 같습니다.

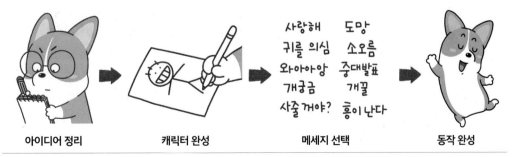

| 아이디어 정리 | 캐릭터 완성 | 메세지 선택 | 동작 완성 |

이모티콘 제작 단계

이모티콘 제작의 단계를 크게 나눠 보았습니다. 작가마다 각 과정의 차이가 있을 수 있지만 저자의 경우에는 이 단계를 통해 제작을 하고 있습니다. 제 경우가 꼭 모두의 기준이 될 필요는 없으니 작업을 진행하면서 느껴지는 부분들을 통해 최종적으로는 본인만의 방식을 만드는 것이 가장 좋습니다.

3 이모티콘을 만들 때 중요한 것

이모티콘 스토어나 주변 사람들이 보내는 이모티콘들 중에는 분명히 '나도 이런 이모티콘은 만들 수 있겠다' 싶은 것들이 있을 겁니다. 그런 뒤에 이모티콘을 만들어야겠다는 생각으로 쉽게 도전해 보지만 막상 뭘 만들지, 또 어떤 캐릭터와 메시지로 만들어야 할지 아무 생각이 나지 않곤 하죠. 맘을 먹었다고 해서 아이디어가 하늘에서 뚝 떨어지거나 바닥을 뚫고 올라오며 행복하게 만들어 주지는 않습니다. 남들이 만든, 쉬워 보이는 이모티콘도 엄청난 고민의 시간을 거쳐 만들어진 경우가 대부분입니다. 그렇기 때문에 평소에도 꾸준히 이모티콘에 대한 고민을 하고 생각나는 아이디어를 정리하며 준비를 해야 합니다. '세상에 쉬운 일은 없다'는 말이 괜히 나온 말은 아닌 것 같습니다 ☺

아이디어 구상에 고통받는 이광복 씨

이모티콘을 만들 때 고려해야 할 부분이 몇 가지 있습니다.

아이패드 프로크리에이트로 캐릭터 이모티콘 만들기

| 사용 연령층(타깃)을 정하자

이모티콘 제작을 처음 하시는 분들이 잊기 쉬운 포인트입니다. 내가 생각한 재미있는 아이디어, 또 귀여운 그림이면 모든 사람이 좋아해줄 것이라는 착각에 빠지기 쉽습니다. 이용자들은 굉장히 다양한 취향을 가지고 있습니다. 내 이모티콘을 보고 귀엽다고 생각하지만 거기까지일 수도 있고 내가 보기엔 그렇게 특별하지 않은 것 같은데 정말 좋아하고 만족해하는 경우도 있습니다. 결국 내 감성과 아이디어가 모든 연령층에 만족감을 준다는 건 대단히 어려운 일입니다. 성별, 세대, 주위 환경 등 너무나도 많은 변수가 있기 때문입니다. 그렇기 때문에 특정 성별이나 연령층 등 판매를 위한 타깃을 명확하게 정하는 것이 좋습니다.

카카오 이모티콘 샵의 연령별 인기 순위를 참고하면 타깃 설정에 도움이 됩니다. 10대에선 1위이지만 40대에선 높은 순위가 아닌 경우도 있고 반대의 경우도 물론 있겠죠. 전체 연령층에서 모두 상위권이라면 전체 순위에서도 상위권이 될 것입니다. 그렇게 되기 위해선 타깃으로 정한 연령대부터 공략을 하는 것이 먼저입니다.

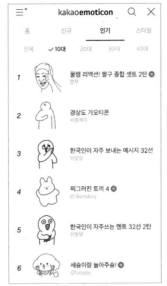

10대

20대

30대

40대

연령별 이모티콘 순위(카카오톡)

※ 낮은 연령층: 검정과 흰색으로 그려진 심플한 스타일의 병맛 이모티콘이 인기 있으며 그림의 완성도보다는 재미있는 컨셉이 중요함

※ 높은 연령층: 완성도 높은 캐릭터와 움직이는 캐릭터 이모티콘이 인기 있음

▌내가 잘 아는 분야에 도전하라

타깃 연령층을 정했다면 '어떤 이야기를 하는 것이 좋을까'를 고민해야 합니다. 학생인데 직장인들이 쓸 수 있는 이모티콘을 구상했다면 디테일에서 아쉬운 부분들이 나오거나 모두가 알고 있는 전형적이고 일반적인 표현이 나오기 쉽습니다. 동물을 반려하지 않는 사람이 반려동물의 집사 이야기를 하는 것도 마찬가지 경우일 것입니다. 물론 수집한 자료와 주변 사람들과의 대화에서 많은 아이디어를 얻을 수도 있지만 자신이 잘 알고 속해있는 집단의 표현을 연구하는 것이 성공의 확률을 높여줍니다. 저는 함께 살고 있는 웰시코기 광복이를 모델로 이모티콘을 만들었습니다. 웰시코기의 특징이나 사람들이 웰시코기의 어떤 부분을 좋아하는지 잘 알고 있어 이모티콘 제작에 많은 도움이 되었습니다. 전형적이고 일반적인 메시지라도 그 메시지를 표현하는 방법에 따라 미묘한 차이가 생깁니다. 자신이 가장 잘 표현할 수 있는 분야로 이모티콘을 만드는 것이 가

강아지

토끼

간호사

자취생

동물이나 특정 계층을 이용한 이모티콘
(왼쪽부터 웰시코기 이광복 씨, 사랑 토끼, 간호사입니다, 자취생은 혼자서도 잘 놀아요)

장 강력한 경쟁력입니다. 특정 분야나 감정을 표현하는 이모티콘들이 많습니다. 이모티콘 스토어에서 다양한 이모티콘을 살펴보기 바랍니다.

개성이 넘치는 이모티콘을 만들어 보자

그림 실력에 자신이 없어서 많은 아이디어가 있음에도 불구하고 도전하지 못하는 분들도 있습니다. 그림은 메시지를 표현하는 하나의 방법이지 전부가 아닙니다. 물론 어떤 메시지인지도 구분이 안 될 정도의 그림이라면 문제가 될 수 있지만 꼭 화려하고 완성도가 높은 그림이어야만 하는 건 아닙니다. 메시지를 전달할 수 있는 표현력을 가지고 있고 본인이 만들려는 이모티콘의 성격에 맞는 그림이라면 그 어떤 그림도 좋습니다. 오히려 전형적인 느낌의 그림보다 개성이 넘치는 그림이 사랑을 받는 경우도 많이 있습니다. 그림은 단기간에 달라지기 어려우니 같은 메시지를 평범하지 않고 재미있는 상황으로 표현할 수 있는 방법에 대한 고민을 많이 하는 것이 부족한 그림을 보완할 수 있는 방법입니다.

개성 넘치는 이모티콘(왼쪽부터 케장콘, 찌그러진 토끼, 동생티콘, 파란댕댕이)

메모하는 습관을 길러라

이모티콘을 만들기 위해 머리를 싸매고 고민을 하여도 기발한 아이디어는 '뿅'하고 쉽사리 떠오르지 않죠. 평상시 대화에 많이 쓰이는 이모티콘은 재미있고 기발한 아이디어가 가장 중요합니다. 생각은 누구나 할 수 있고 그 생각의 결과는 크게 다르지 않은 경우가 대부분입니다. 하지만 남들과 조금씩이라도 차이를 만들고 다른 결과물을 만들 수 있는 방법이 있다면 저자는 그것이 메모라고 생각합니다. 좋은 생각이 났을 때 머릿속으로만 기억하다가 막상 실제로 이모티콘을 만드는 순간엔 그 아이디어들이 전혀 기억나지 않거나 그때와는 다른 느낌으로 다가오는 경우가 많습니다. 그래서 발을 동동 구르기도 합니다. '아, 저번에 정말 재미있는 표현이 생각났었는데' 하고 말이죠. 그래서 저자는 어떤 콘셉트로 이모티콘을 만들지 혹은 어떤 표현으로 메시지를 담아낼지에 대한 재미있는 아이디어가 떠올랐을 땐 휴대폰을 꺼내 메모를 해둡니다. 옛날엔 수첩을 가지고 다니면서 메모를 했는데 그러다 보니 가방마다 다른 수첩이 들어 있기도 하고 한곳에 모아놓고 정리를 다시 해야 하는 경우도 있어서 상당히 불편했습니다. 하지만 요즘은 스마트폰 앱에 메모를 하면 PC에서도 동일한 내용을 확인할 수 있어 매우 편리합니다. 한곳에 정리가 되는 효과도 얻을 수 있죠. 수첩 혹은 스마트폰 등 자신만의 도구로 메모를 꾸준히 하신다면 지금 당장은 불필요한 메시지나 표현이 나중에는 요긴하게 쓰일지도 모릅니다.

각종 메모 앱
(아이폰, 네이버, 구글)

메모를 바탕으로 작업된 태클티콘 러프 스케치

아이패드 프로크리에이트로 캐릭터 이모티콘 만들기

Chapter
03

이모티콘 제작을 위해
프로크리에이트
앱 익히기

03 이모티콘 제작을 위해 프로크리에이트 앱 익히기

이모티콘을 제작하는 방법은 여러 가지가 있습니다. PC나 휴대폰, 패드 등 다양한 기기의 그림 프로그램을 이용하여 작업할 수 있습니다. 이 책은 iPad 앱 Procreate(프로크리에이트)를 이용하여 이모티콘 작업을 하는 방법을 다룹니다. 그러기 위해선 프로크리에이트라는 앱을 알아보고 어떻게 다뤄야 하는지를 배워야 합니다. 프로크리에이트는 2011년 Savage Interactive에서 개발한 iOS용 그림 앱입니다. 다양한 브러시를 이용하여 작업할 수 있어 많은 일러스트레이션 작가에게 사랑받는 앱입니다. 투시가이드를 이용하여 어려운 각도의 그림을 그리는 것에도 도움을 받을 수 있고 간단한 애니메이션 제작도 가능합니다. 그리고 기본적으로는 Procreate 포맷으로 파일이 저장되지만 많은 사람이 사용하는 포토샵의 PSD 포맷으로도 저장할 수 있어 PC 혹은 아이패드의 포토샵으로도 공유할 수 있습니다. 아이패드처럼 휴대성이 좋은 기기를 이용하여 언제 어디서든 부담없이 작업할 수 있는 프로그램입니다.

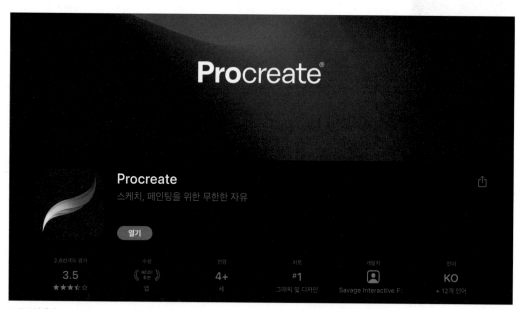

프로크리에이트

프로크리에이트로 작업된 일러스트레이션

프로크리에이트의 애니메이션 어시스트로 작업된 애니메이션

프로크리에이트를 설치하기 위해서는 먼저 아이패드의 앱스토어에 접속하여 지원되는 기기와 운영체제의 버전을 알아봐야 합니다. 현재(2021.02) iOS 13.2 버전 이상의 아이패드와 호환이 된다고 나와 있습니다. 가격은 약 12,000원입니다. 하지만 프로그램이 업데이트되면서 상위 버전이 필요하거나 가격이 상승하는 경우도 있으니 구매 전에 꼼꼼히 확인하고 결제하시기 바랍니다.

아이패드 앱스토어

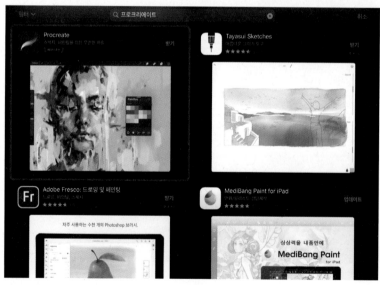

프로크리에이트

프로크리에이트 설치

홈 화면에 설치된
프로크리에이트

'받기'를 터치하면 앱스토어 결제 창이 뜨고 결제를 진행하면 아이
패드 홈 화면에 설치가 됩니다.

이제 아이패드에 프로크리에이트가 설치되었습니다.

프로크리에이트를 실행하여 어떤 기능이 있는지 알아보겠습니다.

2 프로크리에이트 기본 기능 알아보기

프로크리에이트의 설치가 끝났다면 이제 앱을 열고 기본적인 툴의 사용 방법에 대해 알아보겠습니다.

프로크리에이트 메인 화면

❶ **선택 :** 기존의 작업 파일을 선택할 수 있습니다. 작업 파일을 선택 후 '스택*, 미리보기, 공유, 복제, 삭제' 등을
진행할 수 있습니다.

❷ **가져오기 :** 아이패드 내부에 저장된 파일이나 아이클라우드(iCloud), 드롭박스(Dropbox) 등 외부 클라우드 서
비스 내의 파일을 가져올 수 있습니다.

❸ **사진 :** 아이패드 사진 앱의 사진을 가져올 수 있습니다.

❹ **+ :** 새로운 캔버스를 만듭니다.

---

*스택 : 작업된 파일을 하나의 묶음 폴더로 만드는 과정

사용자 지정 캔버스 만들기

＋ 버튼을 터치했을 때 나오는 기본 세팅된 캔버스를 골라도 되지만 내가 원하는 기준에 맞춰서 캔버스를 만들고 싶을 때는 '새로운 캔버스' 옆의 ❶ 아이콘을 터치합니다. 그럼 사용자 지정 캔버스 메뉴에서 원하는 캔버스를 만들 수 있습니다. 크기, 색상 프로필, 타임랩스 설정, 캔버스 속성 등 세부 사항을 살펴보시고 원하는 옵션을 설정하세요.

	선택	가져오기	사진	＋
새로운 캔버스				❶
스크린 크기		P3	2224 × 1668px	
사각형		sRGB	2048 × 2048px	
4K		sRGB	4096 × 1714px	
A4		sRGB	210 × 297mm	
4 × 6 사진		sRGB	6" × 4"	

사용자지정 캔버스 만들기

▼ 자세한 내용은 45페이지 '캔버스 만들기'를 참고하세요.

사용자지정 캔버스 옵션 설정

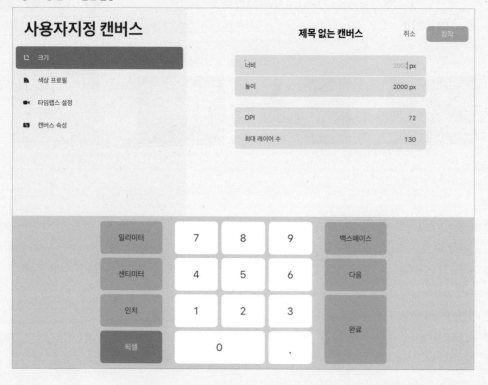

┃ 상단 좌측 메뉴바

캔버스를 만들면 화면이 전환되고 아이패드 상단에 그림을 그리기에 필요한 도구들이 나타납니다. 아이패드 가운데를 기준으로 좌측 영역에는 프로크리에이트 메인 화면으로 돌아가는 '갤러리' 메뉴와 함께 '동작', '조정', '선택', '이동' 도구가 있습니다.

❶ 동작

상단의 아이콘 중에 첫 번째에 있는 스패너 모양의 아이콘은 '동작'이라는 메뉴입니다.
동작 안에는 '추가, 캔버스, 공유, 비디오, 설정, 도움말' 이렇게 6가지의 하위 메뉴가 존재합니다.

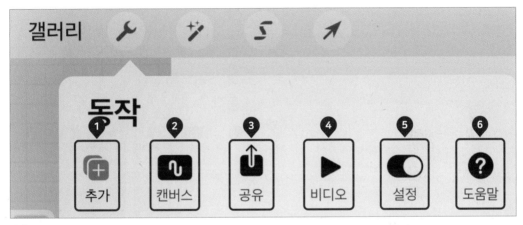

동작

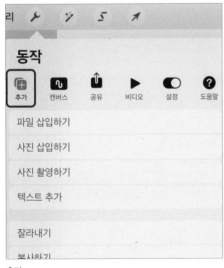

추가

❶ 추가

파일과 사진을 삽입하거나 텍스트를 추가할 수 있습니다. 그림을 복사하거나 잘라내기, 붙여넣기 혹은 캔버스 전체를 복사할 수도 있습니다.

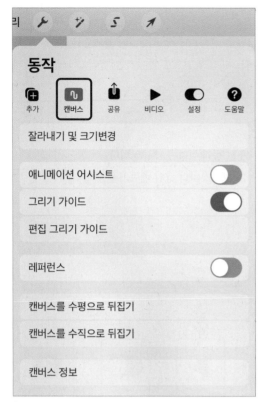

캔버스

❷ 캔버스

만들어진 캔버스의 사이즈를 조절하거나 뒤집을
수 있습니다. 애니메이션 어시스트, 그리기 가이드,
편집 그리기 가이드, 다른 이미지를 불러와 참고할
수 있는 레퍼런스 기능과 같이 그림을 그릴 때 필요
한 가이드 설정을 할 수 있습니다.

공유

❸ 공유

이미지 공유와 레이어 공유 두 가지 방식이 있습니다.
이미지 공유는 그림을 그린 후 기본 Procreate 파
일 이외에 포토샵 저장 방식인 PSD나 일반적인 그
림 저장 방식인 JPEG 등 다양한 확장자로 저장한
후 공유할 수 있습니다.

레이어 공유는 그림을 그리며 만들어 놓은 레이어
를 개별적인 그림 파일로 따로 저장해 주거나 동영
상으로 만들어 주는 방식입니다. PDF 또는 레이어
순서대로 개별 저장하는 PNG, 레이어 순서를 이용
한 움직이는 GIF와 움직이는 PNG(APNG), 그리고
MP4 파일까지 만들고 공유할 수 있습니다.

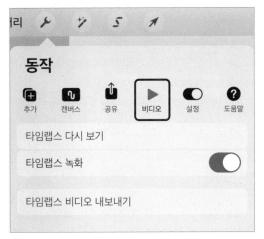

비디오

④ 비디오

그림을 그리는 과정을 타임랩스 기능으로 녹화하거나 녹화된 영상을 타임랩스 비디오 파일로 공유하는 기능입니다.

설정

⑤ 설정

그림을 그리는 데에 필요한 기능들을 사용자 편의에 맞게 설정하는 곳입니다. 제스처를 이용하여 다양한 기능을 설정할 수 있고 기본으로 되어 있는 왼손잡이 인터페이스를 오른손잡이 인터페이스로 변경할 수도 있습니다. 하나씩 적용해 보면서 본인에게 맞는 설정값을 찾으시기 바랍니다.

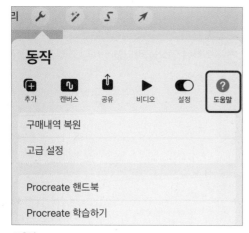

⑥ 도움말

프로크리에이트에서 직접 제작한 기능 설명을 볼 수
있습니다. 영어로만 설명되어 다소 아쉽지만 공식 제
작사의 설명이니 참고하시면 좋습니다.

도움말

② 조정

동영상 설명 https://youtu.be/YWH_yFVghNY

두 번째 반짝반짝 마술봉 아이콘은 '조정' 메뉴입니다. 조정 메뉴는 그림에 다양한 효과를 주는 메뉴입니
다. 개별 메뉴를 선택할 때 나타나는 '레이어' 옵션을 통해 레이어 전체에 효과를 적용할지, 아니면 'Pencil'
옵션을 이용하여 특정 부분만 효과를 적용할지 선택할 수 있습니다.

❶ 색조, 채도, 밝기

그려진 그림의 색과 밝기를 조절해 주는 메뉴입니다. 색조는 기존에 칠해진 색을 다른 색으로 바꾸는 것이고
채도는 색이 가진 맑고 탁한 정도를 조절해 줍니다. 밝기는 말 그대로 밝음과 어두움을 조절하는 메뉴입니다.

❷ 색상 균형

미세한 색의 조절을 위해 색상 슬라이더를 이용하여 그림에 색의 비율을 조정해 주는 메뉴입니다.

❸ 곡선

감마와 RGB(빨강, 초록, 파랑) 값을 그래프 곡선을 이용하여 조절해 주는 메뉴입니다.

❹ 변화도 맵

그라데이션(색의 단계적 차이) 맵입니다. 자신이 원하는 톤 및 색상을 저장하여 이미지에 적용하는 기능입니
다. 적용한 색상에 맞게 이미지를 변화시킬 수 있습니다.

❺ 가우시안 흐림 효과

그림을 부드럽고 뿌옇게 만들어 줍니다. 초점이 안 맞는 사진을 생각하면 됩니다.

조정

조정

6 움직임 흐림 효과

균일하게 흐려지는 **5**와는 다르게 한쪽으로 움직이는 듯이 흐려지게 합니다. 달리는 물체에 적용하면 움직이는 효과를 극대화할 수 있습니다.

7 투시도 흐림 효과

기준이 되는 원을 위치시킨 후 그 원을 중심으로 주변을 흐려지게 하거나 특정한 방향으로 흐려지게 할 수 있습니다.

8 노이즈 효과

그림 전체를 작은 점들로 덮어 지저분한 느낌을 만들어 주는 것입니다. 오래된 필름 같은 효과를 줄 때 사용합니다.

9 선명 효과

그림의 경계 부분을 날카롭게 하여 선명하게 만들어 줍니다.

10 빛산란

빛을 받는 부분이 반사되어 밝게 빛나는 효과를 줍니다.

11 글리치

디지털 픽셀을 응용한 표현, 현대적인 느낌의 이미지로 표현할 때 사용하면 좋은 효과입니다.

12 하프톤

점을 이용해서 색의 농도나 명도를 표현하는 기능입니다. 이미지를 점묘 기법처럼 표현할 수 있습니다.

13 색수차

이미지의 RGB 색상을 분리하여 이미지를 재미있게 변화시키는 효과입니다.

14 픽셀 유동화

기존의 그림이 브러시가 움직이는 대로 변형되게 하는 효과입니다.

15 복제

기준이 되는 원을 위치시킨 후 그림을 그리고 싶은 곳에 터치하면 기준 원을 바탕으로 그림이 복제됩니다.

❸ 선택

세 번째 리본 모양의 아이콘은 '선택' 메뉴입니다. 선택은 캔버스의 일정 영역을 선택하여 색을 칠하거나 복사, 잘라내기 등을 할 수 있는 메뉴입니다. 자동 모드와 원하는 대로 영역을 정할 수 있는 올가미 모드, 도형 모양의 선택 모드를 지원합니다.

선택

❹ 이동 및 변형

네 번째 화살표 모양의 아이콘은 '이동 및 변형' 메뉴입니다. 선택 툴을 이용하여 선택한 영역을 이동시킬 수 있습니다. 또한 자유롭게 크기를 변형시키거나 균등한 비율로 크기를 조절할 수 있고 고급 메시 옵션을 이용하여 그림을 뒤틀어 왜곡시킬 수도 있습니다.

이동 및 변형

아이패드 프로크리에이트로 캐릭터 이모티콘 만들기

▌ 상단 우측 메뉴바

아이패드 가운데를 중심으로 우측 상단에는 '브러시', '문지르기', '지우개', '레이어', '팔레트' 도구가 있습니다.

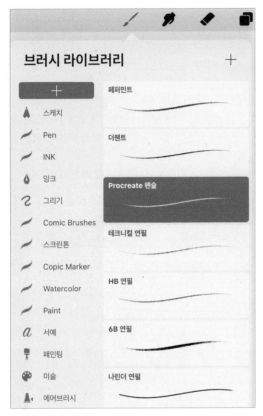

브러시

❶ 브러시

다섯 번째 붓 모양의 아이콘은 '브러시' 메뉴입니다. 스케치용 연필부터 특별한 효과를 줄 수 있는 브러시까지 다양한 스타일의 브러시가 기본으로 구성되어 있으며 브러시 파일을 추가하여 사용할 수도 있습니다. 하나하나 선택하여 테스트해 보고 원하는 브러시로 작업해 보기 바랍니다.

문지르기 기능을 이용해 색상 경계를 혼합

❷ 문지르기

여섯 번째 손가락 모양의 아이콘은 '문지르기' 메뉴입니다. 채색 시에 재료의 성질에 따라 칠을 한 후 색과 색의 경계면을 문질러서 자연스럽게 색을 혼합해 주는 기능입니다. 다양한 브러시와 채색 재료를 이용하여 적용해 보기 바랍니다.

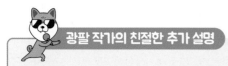

브러시 스튜디오로 나만의 브러시 만들기

동영상 설명 https://youtu.be/F6T5skcPj0s

프로크리에이트는 브러시 커스텀 기능을 지원합니다. 브러시 선택 창에서 브러시를 고른 후 한 번 더 터치하면 브러시 스튜디오가 나옵니다. 그곳에서 브러시에 관한 다양한 옵션을 조정하여 나에게 최적화된 브러시를 만들 수 있습니다. 굉장히 다양한 옵션이 있으니 하나씩 적용해 보고 옆에 있는 그리기 패드에 테스트해 보면서 자신만의 브러시를 만들어 보기 바랍니다.

단, 기존의 브러시를 이용하여 수정할 경우에는 원본이 변경되는 것이니 기존 브러시를 선택할 때 왼쪽으로 슬라이드를 하여 '복제'한 후 변경하는 것을 추천합니다.

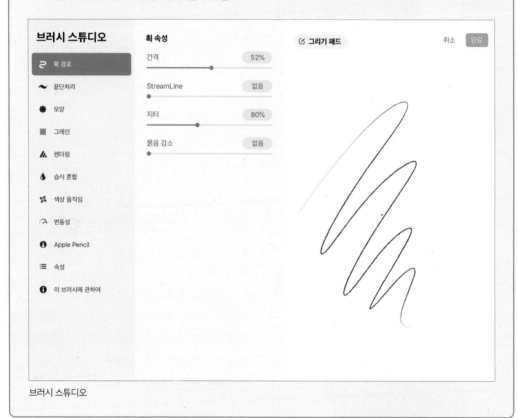

브러시 스튜디오

아이패드 프로크리에이트로 캐릭터 이모티콘 만들기

❸ 지우개

일곱 번째 아이콘은 '지우개' 메뉴입니다. 브러시와 같은 구성으로 되어 있으며 선택된 브러시 모양대로 지워집니다.

지우개

❹ 레이어

동영상 설명
https://youtu.be/9On5ALLw4n0

여덟 번째 아이콘은 '레이어' 메뉴입니다. 포토샵에도 있는 기능이며 투명한 캔버스를 쌓아 올리며 그림을 완성하게 됩니다. 레이어를 분리하여 그릴수록 특정 부분만 효과를 주거나 수정하기가 쉬워집니다. 다만 캔버스의 크기에 따라 사용할 수 있는 레이어의 수가 달라집니다. 캔버스가 커질수록 사용할 수 있는 레이어의 수는 줄어들며 반대로 캔버스가 작아질수록 레이어의 수가 늘어납니다. 레이어를 터치하면 나타나는 추가 옵션을 이용할 수 있습니다.

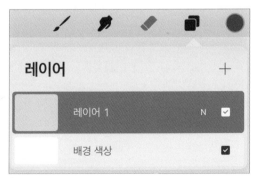

레이어

❺ 색상 팔레트

아홉 번째 아이콘은 '색상 팔레트' 메뉴입니다. 원하는 색을 선택하여 칠할 수 있습니다. 원형의 색띠로 이루어진 디스크 방식과 네모판의 색을 선택하여 사용하는 클래식, 사용하는 색의 보색을 자동으로 선택해 주는 하모니, 수치를 조합하여 색을 만드는 값, 온라인상에서 다운받은 색상 팔레트를 불러와서 사용할 수 있는 색상 팔레트 메뉴로 이루어져 있습니다.

색상 팔레트

지금까지 프로크리에이트의 기본 메뉴에 대해 알아보았습니다. 포토샵처럼 많은 기능이 있는 것은 아니지만 이모티콘을 그리기 위한 기능은 충분하기 때문에 개인적으로는 굉장히 만족하며 사용하고 있습니다. 여러분들도 천천히 둘러보고 적용해 보면서 프로그램의 특성과 기능을 파악하시기 바랍니다.

3 이모티콘을 그리기 위한 프로크리에이트 기초 다지기

이제 프로크리에이트의 기본 메뉴도 살펴보았으니 실제로 이모티콘을 만들어 봐야겠죠? 저자는 플랫폼마다 요구하는 이모티콘의 크기가 다르기 때문에 한 가지 플랫폼에 맞추기보다는 그림을 크게 그리고 원하는 이모티콘의 사이즈로 줄이는 방식을 선호합니다. 꼭 다른 플랫폼에 재사용하기 위해서라기보다는 이모티콘도 하나의 그림이기 때문에 굿즈를 제작하는 데에 이용할 수도 있고 SNS에 그림을 업로드할 수도 있기 때문에 그림을 크게 그리는 것이 여러모로 쓰임이 많고 좋습니다.

▎ 캔버스 만들기

먼저 캔버스를 만들어 보겠습니다. 프로크리에이트를 실행하고 나오는 첫 화면에서
❶ 가장 오른쪽에 있는 '+' 아이콘을 터치합니다.

프로그램에 내장되어 있는 캔버스 프리셋이 나옵니다. 기존 프리셋 대신 이모티콘용 캔버스를 제작하겠습니다.
❷ 아이콘을 터치합니다.

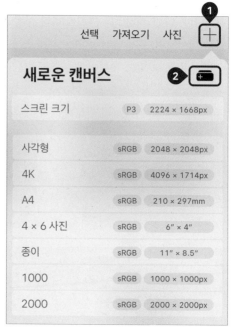

캔버스 만들기-1

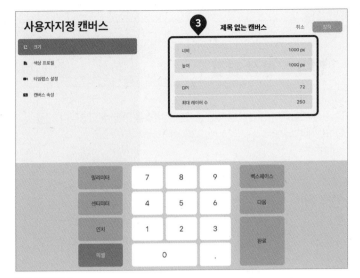

캔버스 만들기-2

❸ 크기는 가로, 세로를 1000px 혹은 1500px로 설정하고 DPI 는 72로 정합니다.
캔버스의 크기가 커지거나 DPI 가 높아질수록 최대 레이어의 개수는 줄어듭니다.

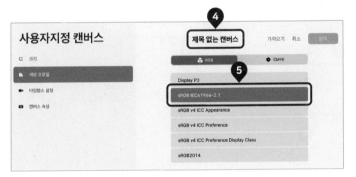

캔버스 만들기-3

❹ '제목 없는 캔버스' 부분을 터치 하여 원하는 캔버스 이름을 설 정합니다.

❺ 색상 프로필은 RGB의 Display P3 혹은 sRGB IEC61 966-2.1를 선택합니다.

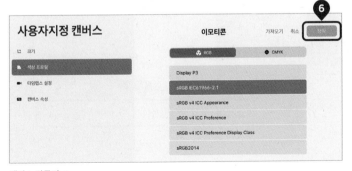

캔버스 만들기-4

❻ 창작 버튼을 터치하면 캔버스 가 생성됩니다. 이렇게 생성된 캔버스는 설정이 자동 저장됩니 다. 캔버스를 만들 때 '+' 버튼을 터치하면 확인할 수 있습니다.

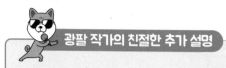
캔버스 설정 편집

새 캔버스를 만들 때 새로운 캔버스 아이콘을 터치하여 본인이 원하는 설정의 캔버스를 만들 수 있습니다. 그렇게 되면 캔버스 라이브러리에 설정이 남아있게 됩니다.

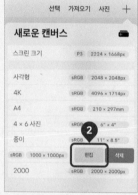

라이브러리에 저장되어 있는 캔버스의 이름이나 세부 설정을 바꾸고 싶다면

❶ 라이브러리 화면에서 해당 캔버스 설정을 우→좌로 쓸어 넘깁니다.

❷ 편집을 터치하여 세부 설정으로 들어갑니다.

❸ 크기, 색감, DPI 설정 등 원하는 것을 수정할 수 있습니다.

❹ 캔버스 이름의 경우 굵은 글씨를 터치하면 키보드가 활성화되어 수정할 수 있습니다.

❺ 수정 후 '저장' 버튼을 터치하여 내용을 저장합니다.

❻ 캔버스 라이브러리에서 수정된 정보를 확인할 수 있습니다.

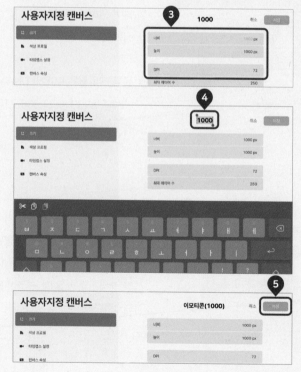

┃ 그림 그리기

1 브러시 아이콘을 터치해서 원하는 브러시를 골라 줍니다.

2 색상 팔레트에서 원하는 색을 고릅니다.

3 캔버스 위에 표시되어 있는 두 개의 슬라이더를 움직여 브러시의 크기와 투명도를 정해 줍니다.

슬라이더 아래의 취소, 복구 아이콘을 이용하여 그림을 수정할 수 있습니다.

브러시 선택   색상 선택   슬라이더 설정

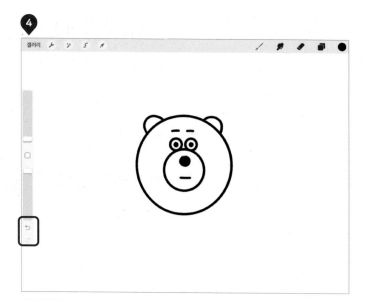

④

그림 그리기

④ 원하는 대로 그림을 슉슉, 쓰윽 쓰윽 그립니다. 그림을 그리는 도중 과정을 취소하거나 취소한 부분을 복구하고 싶다면 슬라이더 하단 부분의 취소, 복구 화살표를 이용합니다.

⑤

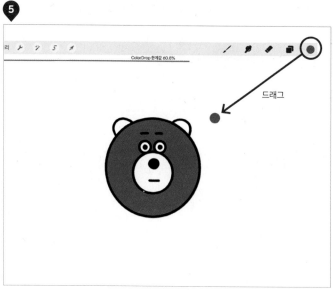

ColorDrop 한계값 60.8%

드래그

채색

⑤ 그림에 색을 칠할 때는 색상 팔레트의 색을 드래그하여 칠하려는 곳에 가져다 놓으면 자동으로 칠해지고 화면 상단에 파란색 바(BAR)가 생깁니다. 펜을 떼지 않은 상태로 좌우로 이동하며 채색하는 수치를 조절합니다. 선이 끊어진 곳 없이 다 이어져 있어야 원하는 곳이 채색됩니다. 선이 중간에 끊어져 있다면 색이 빠져나가 다른 곳까지 채우게 됩니다.

아이패드 프로크리에이트로 캐릭터 이모티콘 만들기

레이어 분리하여 채색하기

그림을 그리던 레이어에 직접 채색을 하게 된다면 색이 선을 침범하여 매끄럽지 않게 보일 수 있습니다. 저자는 선과 색을 레이어 분리하여 작업을 합니다. 레이어 이름을 터치하여 옵션 중의 '이름변경'을 이용해 이름을 바꿀 수 있습니다.
라인 레이어 아래에 채색 레이어를 위치시키고 색을 칠합니다(레이어를 길게 터치하면 순서를 바꿀 수 있습니다).

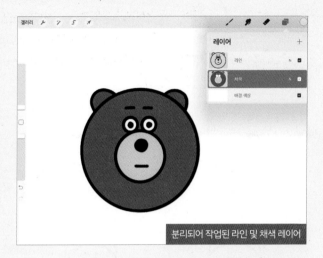

분리되어 작업된 라인 및 채색 레이어

선이 그려진 레이어에 바로 채색을 하는 것보다는 한두 단계를 더 거쳐야 하긴 하지만 채색을 해도 라인에 영향을 받지 않고 또 수정이 쉽다는 장점이 있습니다. 일단 그림의 선이 이어져 있는 스타일과 선들이 끊어져 있는 스타일 두 가지의 경우를 설명하겠습니다.

◆ 선이 이어져 있을 때

먼저 레이어에서 '라인' 레이어를 선택하고 '선택' 메뉴에서 '자동'을 선택한 후 원하는 곳을 터치하면 파란색으로 그 부분이 가득 채워집니다. 선택 영역을 조절하고 싶다면 터치를 한 후 떼지 않고 좌우로 드래그하며 수치를 조절해 주면 됩니다. 그 후에 레이어에서 '채색' 레이어를 선택하면 선택된 곳을 제외한 나머지 부분이 빗금 표시가 됩니다. 그 다음 색상 팔레트에서 색을 드래그하여 선택된 곳에 가져다 놓으면 채색이 완료됩니다.

선택 - 자동

색을 칠하려고 하는 부분 선택

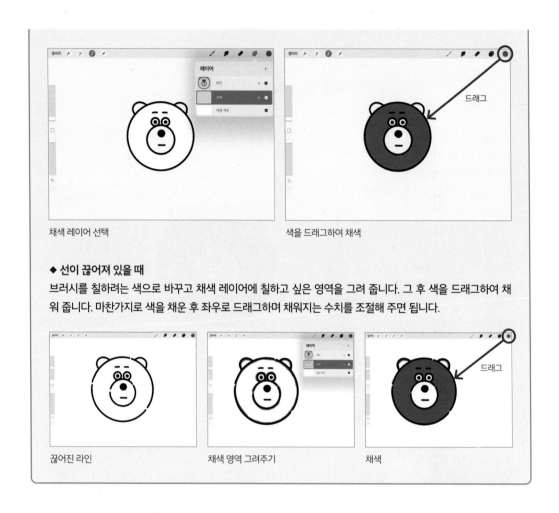

채색 레이어 선택

색을 드래그하여 채색

◆ 선이 끊어져 있을 때

브러시를 칠하려는 색으로 바꾸고 채색 레이어에 칠하고 싶은 영역을 그려 줍니다. 그 후 색을 드래그하여 채워 줍니다. 마찬가지로 색을 채운 후 좌우로 드래그하며 채워지는 수치를 조절해 주면 됩니다.

끊어진 라인

채색 영역 그려주기

채색

이모티콘을 만들기 위한 가장 기본적인 기능을 알아봤습니다. 다음 챕터에서는 모르고 있으면 안타깝고 알아두면 유용한 몇 가지 기능들을 소개하겠습니다.

4 알아두면 유익한 프로크리에이트 기능

프로크리에이트로 그림을 그리다 보면 기본적인 기능 이외에 다양한 기능을 함께 사용하게 됩니다. 하지만 잘 찾아보지 않으면 그런 기능이 있는 줄도 모르고 사용하게 되는 경우가 많습니다. 이모티콘 작업에 사용하면 편리한 기능 몇 가지를 알아보겠습니다. 여기에서 소개하는 기능 이외에도 본인에게 잘 맞는 다른 기능들이 있을 수 있으니 프로그램을 전체적으로 살펴보고 어떤 기능들이 유용한지 찾아보세요.

▎제스처 제어

제스처 제어는 동작 - 설정 - 제스처 제어 옵션을 통해 조절할 수 있습니다. 다양한 옵션이 존재하며 애플펜슬 혹은 손가락의 움직임을 통해 사용할 수 있는 기능을 설정할 수 있습니다. 하나씩 살펴보며 자신에게 맞는 기능을 활성화하길 바랍니다.

제스처 제어

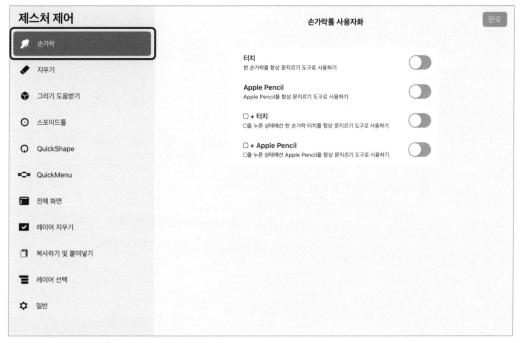

▌퀵쉐이프

이모티콘을 만들다 보면 동그라미를 그려야 할 때가 있습니다. 그림 스타일에 따라 자유롭게 그려도 되지만 정확한 원을 그려야 할 경우에 사용하게 되는 기능입니다.

❶ 제스처 제어에 들어갑니다(동작 - 설정 - 제스처 제어).

❷ 메뉴 중에 퀵쉐이프를 고릅니다.

❸ 세부 메뉴 중에 가장 아래 '그리기 후 유지'를 활성화해 줍니다. 아래의 지연시간은 얼마만큼의 시간이 적용되어야 실행이 되는지를 설정해 주는 옵션입니다. 기본으로 두어도 되고 원하는 시간으로 설정해도 됩니다. '그리기 후 유지' 이외에 다른 방식으로 활성화해도 됩니다. 그림을 그리면서 바로 적용되는 방식이라 저자는 이 기능을 사용합니다. 이렇게 설정을 하고 캔버스로 돌아와 그림을 그려봅니다.

제스처 제어

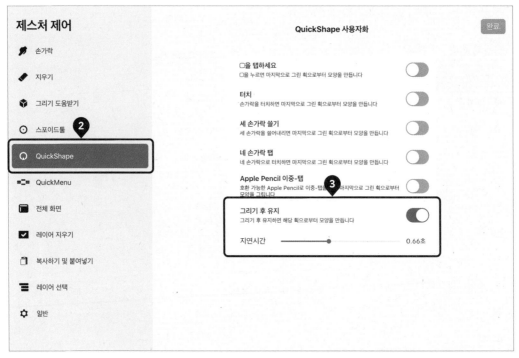

퀵쉐이프

아이패드 프로크리에이트로 캐릭터 이모티콘 만들기

❹ 자유롭게 원을 그리고 애플펜슬을 떼지 않고 화면에 붙인 채로 가만히 있으면 그린 모양에서 가장 가까운 모양의 원으로 바뀝니다.

애플펜슬을 뗀 후 화면 상단을 보면
❺ '모양편집' 메뉴가 나타나 있습니다. 선택하면
❻ '타원, 원, 사변형, 직사각형, 선' 등 그려진 그림과 가까운 모양의 도형 종류가 나옵니다. 원하는 종류를 고르면 모양이 변형되는 것을 확인할 수 있습니다.
❼ 만들어진 모양에 표시되어 있는 파란색 점을 끌어당겨 원하는 모양으로 바꿀 수도 있습니다.

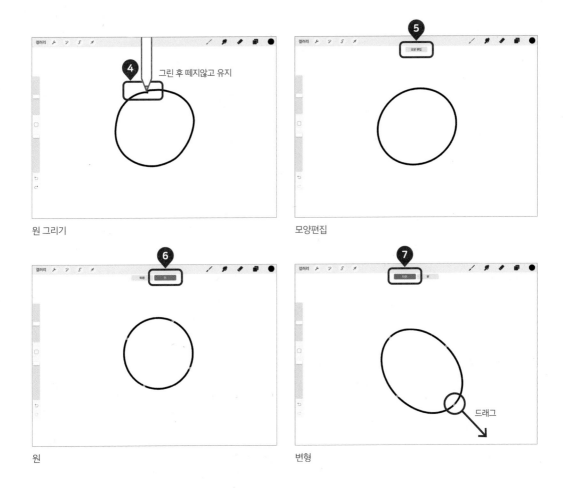

원 그리기

모양편집

원

변형

▎ 퀵메뉴

퀵메뉴는 그림을 그리는 중에 레이어에 관련된 명령어를 세부 메뉴로 찾을 필요 없이 바로 화면에 띄우는 기능입니다.

❶ 제스처 제어에 들어갑니다(동작 - 설정 - 제스처 제어).

❷ 메뉴에서 퀵메뉴를 선택합니다.

❸ 여러 방식 중에 원하는 방식 하나를 활성화해 줍니다. 저자는 가장 하단의 '터치 후 유지'를 사용합니다.

제스처 제어

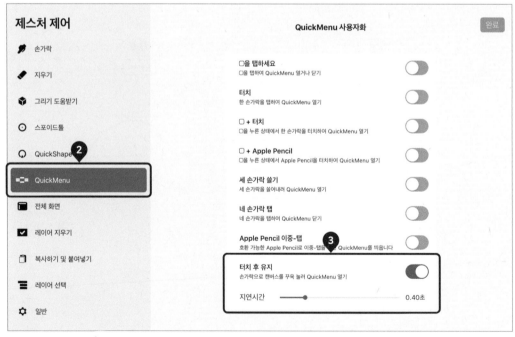

퀵메뉴

아이패드 프로크리에이트로 캐릭터 이모티콘 만들기

손가락 터치

④ 캔버스로 돌아와 그림을 그립니다. 그리고 애플펜슬이 아닌 손가락을 화면에 터치하고 있으면 지금 그리고 있는 레이어에 관련된 6개의 메뉴가 팝업됩니다. 원하는 명령어를 골라 터치하면 바로 적용됩니다. 아쉽게도 6개의 메뉴를 사용자가 원하는 대로 편집하는 기능은 없습니다.

▌그리기 가이드

그리기 가이드는 바둑판 형식의 가상의 선으로 그림을 그릴 때 참고할 수 있습니다. 직선을 정확하게 그릴 수 있는 장점이 있습니다.

① 동작 메뉴를 터치하여

② 캔버스 메뉴로 들어갑니다.

③ 그리고 '그리기 가이드' 메뉴를 활성화해 주면 됩니다.

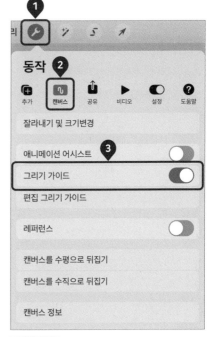

그리기 가이드

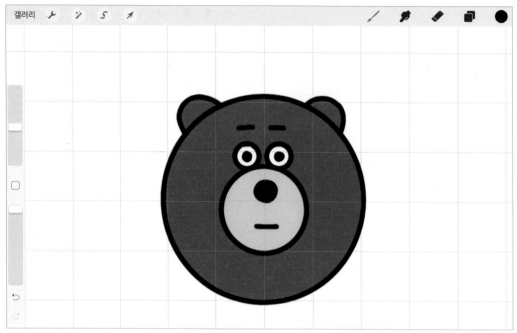

활성화된 그리기 가이드

▎편집 그리기 가이드

편집 그리기 가이드는 그리기 가이드를 활성화했을 때만 이용할 수 있습니다.

❶ 그리기 가이드를 활성화한 상태로 편집 그리기 가이드를 터치하면 세부적인 내용을 조절할 수 있는 메뉴가 나옵니다.

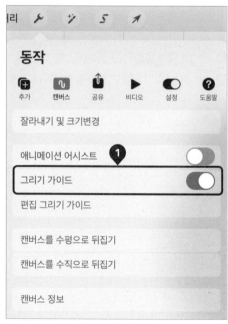

편집 그리기 가이드

아이패드 프로크리에이트로 캐릭터 이모티콘 만들기

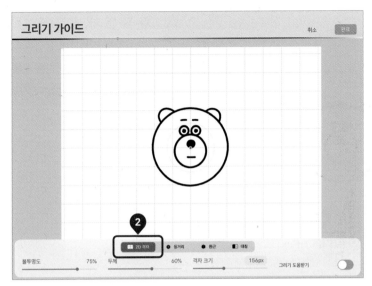

2D 격자

❷ 2D격자는 기존의 바둑판 가이드를 회전시키거나 크기를 조절할 수 있습니다.

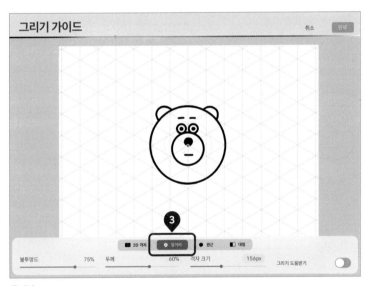

등거리

❸ 등거리는 평면이 아닌 입체적인 가이드의 도움을 받을 수 있습니다.

원근

④ 원근은 화면을 터치하여 소실점을 만들고 소실점에 따라 생성되는 가이드를 통해 선을 그릴 수 있습니다.

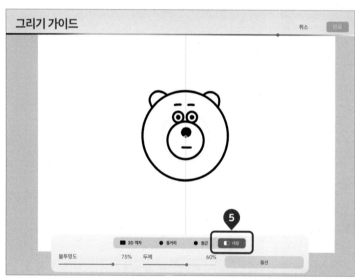

대칭

⑤ 대칭은 대칭 가이드를 기준으로 왼쪽 혹은 오른쪽에 그림을 그리면 반대편에 같은 그림이 대칭되어 그려지는 결과를 얻을 수 있습니다. 데칼코마니 작업을 할 때 유용합니다.

그리기 도움받기

⑥ 그리기 도움받기 메뉴를 활성화해 주면 그림을 그릴 때 가이드에 따라서만 선이 그려집니다. 배경 등을 그릴 때 활용하면 좋습니다. 가이드를 참고만 하고 그림은 자유롭게 그리고 싶다면 비활성화하면 됩니다.

아이패드 프로크리에이트로 캐릭터 이모티콘 만들기

▌애니메이션 어시스트

움직이는 그림을 제작하기 위한 기능인 애니메이션 어시스
트는 1개의 레이어를 1개의 프레임으로 적용하여 작업하는
방식입니다. 짧은 애니메이션, 움직이는 이모티콘을 만들기
적합한 기능입니다.

❶ 동작 메뉴를 터치하여

❷ 캔버스 메뉴로 들어갑니다.

❸ 그리고 '애니메이션 어시스트' 메뉴를 활성화해 주면 됩니다.

❹ 캔버스 하단에 애니메이션 어시스트 창이 생긴 것을 알 수 있
습니다. 기능에 대한 자세한 설명과 사용 방법은 챕터 5의 '애
니메이션 어시스트를 이용하여 움직이는 이모티콘 만들기'에
서 다루도록 하겠습니다.

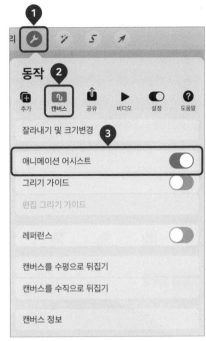

애니메이션 어시스트

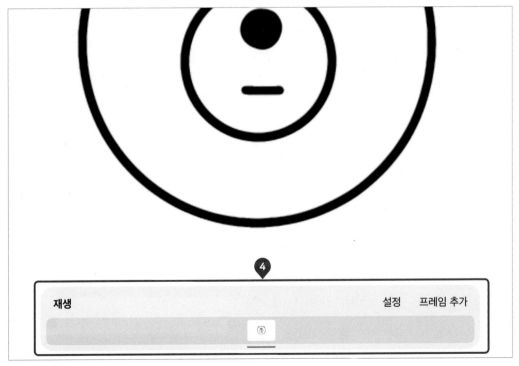

활성화된 애니메이션 어시스트

텍스트 추가

이모티콘을 제작하다 보면 메시지 전달을 위해 텍스트를 넣는 경우가 있습니다. 기존 폰트를 사용하는 경우도 있고 직접 손글씨를 쓰기도 합니다. 프로크리에이트도 폰트를 사용하여 표현할 수 있습니다.

❶ 동작 메뉴에서 텍스트 추가를 선택합니다.

❷ 원하는 문구를 입력하고 키보드 오른쪽 상단의 스타일 편집 메뉴를 터치합니다.

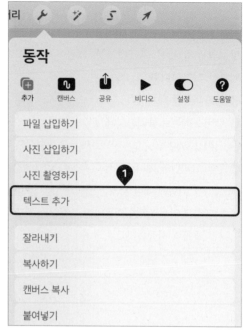

텍스트 추가

스타일 편집

아이패드 프로크리에이트로 캐릭터 이모티콘 만들기

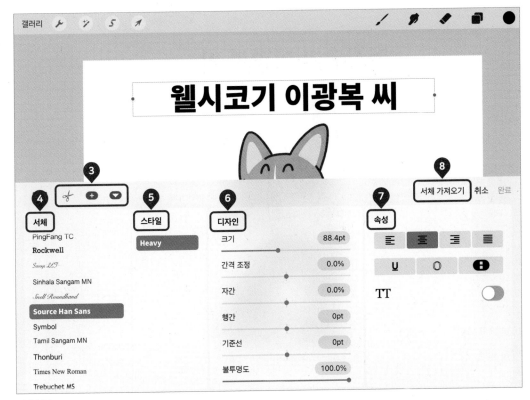

서체 설정

외부 클라우드

3 텍스트 자르기, 복사, 붙여넣기 메뉴입니다.

4 원하는 폰트를 고릅니다.

5 폰트의 굵기를 고릅니다.

6 크기, 자간 등을 조절합니다.

7 정렬 방식이나 밑줄, 외곽선 등의 옵션을 조절합니다.

8 원하는 폰트를 사용하고 싶다면 '서체 가져오기' 메뉴를 통해 폰트 파일을 불러옵니다.

9 이때 폰트는 아이패드 내에 또는 외부 클라우드(아이클라우드, 드롭박스 등)에 미리 저장해 놓은 파일을 선택하면 됩니다. 시중에 있는 무료 폰트를 다운받아 설치한 후 사용해도 됩니다. **다만 무료 폰트라도 상업적인 이용은 허용되지 않을 수 있으니 잘 살펴보고 사용하기 바랍니다.**

텍스트 추가 및 폰트 변경 완성

▌색상 팔레트 색상 저장하기

그림을 그리다 채색을 하게 될 경우 원하는 색을 만들어 사용하기도 합니다. 사용했던 색을 앞으로도 계속 사용하기 위해 저장을 하고 싶다면

❶ 색을 고릅니다.

❷ 원 아래 색상 또는 빈 곳을 터치하면 지금 선택된 색이 표시되며 저장됩니다.

❸ 색을 삭제할 때는 삭제하려는 색을 길게 터치하여 '설정, 삭제' 중 삭제를 선택하면 됩니다. 기존에 저장된 색을 지금 사용하고 싶다면 설정을 선택합니다.

색상 선택

색상 저장

색상 설정, 삭제

아이패드 프로크리에이트로 캐릭터 이모티콘 만들기

▌색상 팔레트 기본값

상황에 따라 다양한 색상 팔레트 세트를 기본 색상 팔레트로 바꿔 사용할 수 있습니다.

❶ 오른쪽 상단의 색상 아이콘을 터치합니다.

❷ 색상 팔레트의 하단 메뉴 중에 '색상 팔레트'를 선택합니다.

❸ 색상 팔레트 세트 옆에 '기본값으로 설정'을 터치합니다.

❹ 하단 메뉴 중에 '디스크' 메뉴를 터치하면 선택한 색상 팔레트 세트가 색상 부분에 항상 보이게 됩니다.

❺ '색상 팔레트' 메뉴에서 색상 팔레트 이름을 터치하여 수정할 수 있으니 참고하시기 바랍니다.

색상 팔레트 열기

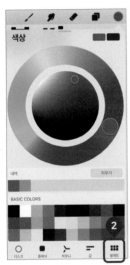

색상 팔레트 선택

기본값 설정

기본값 확인

색상 팔레트 이름 변경

┃ 색상 팔레트 내역

색을 저장하지 않은 상태에서 사용했던 색을 재사용하고 싶을 때는

❶ 색상 아이콘을 터치합니다.

❷ 디스크를 선택합니다.

❸ 색상 팔레트 내역에서 원하는 색상을 선택하면 됩니다. 다만 10회의 사용 내
역만 표시되니 그 전에 사용한 색의 경우에는 캔버스의 색을 사용한 부분에서
스포이트를 이용해 추출하여 사용할 수 있습니다.

색상 아이콘 터치

디스크 선택 및 색상 내역 확인

┃ 컬러 스포이트

프로크리에이트에는 스포이트가 메뉴로 존재하지 않습니
다. 하지만 제스처 제어 메뉴를 이용하면 스포이트 기능을
사용할 수 있습니다.

❶ 제스처 제어에 들어갑니다(동작 - 설정 - 제스처 제어).

제스처 제어

아이패드 프로크리에이트로 캐릭터 이모티콘 만들기

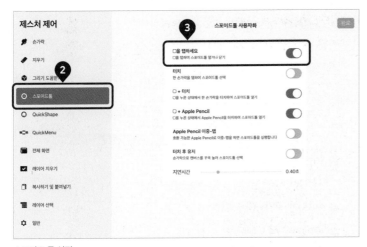

스포이트 툴 설정

❷ 메뉴에서 '스포이트툴'을 선택합니다.

❸ 자신에게 맞는 옵션을 활성화해 줍니다. 저자는 맨 처음 '□를 탭하세요'를 사용합니다.

스포이트툴 터치

색상 선택

❹ 다시 캔버스 화면으로 돌아와 브러시 슬라이더 사이에 □를 탭합니다.

❺ 생성된 돋보기의 가운데 포인트를 원하는 색 위에 위치시킵니다.

❻ 오른쪽 상단 색상 아이콘 색이 바뀌어 있는 것을 확인합니다.

색상 확인

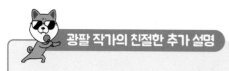
색상 팔레트 추가하기

외부에서 색상 팔레트 파일을 불러와 사용할 수 있습니다. 프로크리에이트 홈페이지(https://folio.procreate.art/discussions/10)에서 공유하는 무료 색상 팔레트를 다운받은 후 아이패드에서 해당 파일을 선택하면 자동으로 설치됩니다.

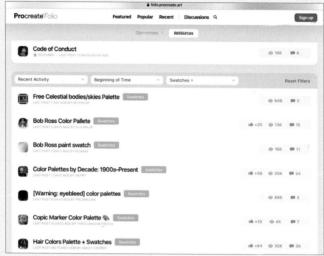

프로크리에이트 홈페이지에서
색상 팔레트 다운로드 및 설치

◆ 커스텀 색상 팔레트 만들기
❶ 색상 팔레트의 하단 메뉴 중에 '색상 팔레트'를 선택합니다.
❷ 오른쪽 상단의 '＋' 아이콘을 터치합니다.
❸ 네 가지 옵션 중에 하나를 골라 색상 팔레트를 만듭니다. '새로운 색상 팔레트 생성'을 선택하여 내가 원하는 색상들로 색상 팔레트를 꾸미거나 사진을 찍어 사진 속 색상으로 색상 팔레트를 만들 수도 있습니다. 아이패드에 저장된 그림 파일, 또는 사진 앱의 사진 속 색상들을 색상 팔레트로 만들 수 있습니다.

색상 팔레트 선택

색상 팔레트 추가

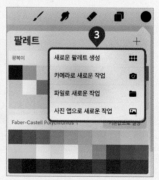

색상 팔레트 이름 지정

시안 제출을 위한 파일 포맷 알아보기

플랫폼마다 제출 시에 요구하는 이모티콘 파일 포맷이 있습니다. 멈춰 있는 이모티콘과 움직이는 이모티콘의 포맷이 다른 경우도 있고 움직이는 이모티콘 중에도 플랫폼에 따라 포맷이 달라지기도 합니다. 기본적으로 어떤 포맷들을 요구하는지 알아보는 시간을 가져보도록 하겠습니다.

▎PNG

일상에서 많이 쓰이는 사진이나 그림 파일의 대부분은 JPG 파일 포맷입니다. 그렇기 때문에 PNG라는 파일 포맷이 생소할 수 있습니다. JPG는 파일의 용량을 줄여주는 장점이 있어 널리 쓰이지만 무조건 배경이 생긴다는 단점이 있습니다. 배경이 투명한 상태로 그림을 그리거나 사진에서 배경과 사람을 분리한 후 투명한 배경에 사람만 저장을 하고 싶어도 JPG로 저장을 하게 되면 흰색 배경이 생겨버리죠.

투명한 배경의 그림을 JPG로 저장했을 경우

PNG 파일은 배경의 속성을 유지해 주는 파일 형식입니다. 배경이 투명한 상태에서 그림을 그리거나 배경 합성을 위해 투명한 배경에 사람만 따로 저장을 하고 싶다면 PNG 파일로 저장을 하면 됩니다. 대부분의 이모티콘 플랫폼에서 요구하는 멈춰 있는 이모티콘의 시안과 최종 제출 파일은 투명한 배경의 PNG 파일입니다.

투명한 배경의 그림을 PNG로 저장했을 경우

GIF

GIF 파일은 압축 이미지 포맷의 종류이고 다중 프레임을 지원합니다. 소위 말하는 인터넷 짤이라고 하는 그림에 많이 사용되는 파일 포맷입니다. 동영상 파일처럼 용량이 크지 않게 화질과 품질을 낮추어 용량을 줄인 형식입니다. 멈춰 있는 이모티콘 형식에는 사용되지 않으며 움직이는 이모티콘 시안을 만들 때 사용됩니다. 네이버 OGQ마켓의 경우엔 최종 파일의 형식으로 GIF를 선택하고 있습니다. GIF 파일 제작 시에 투명한 배경 혹은 흰색 배경을 선택할 수 있습니다.

❶ 애니메이션 어시스트 기능을 이용해 움직이는 이모티콘을 만듭니다.

움직이는 이모티콘 작업

움직이는 GIF 파일 만들기

GIF 파일 완성

❷ 동작의 공유 메뉴에서

❸ 움직이는 GIF를 선택합니다.

❹ 세팅 값을 조절하여 최종 완성된 GIF 파일을 만들 수 있습니다.

APNG

APNG는 앞서 다루었던 PNG 파일의 움직이는 버전입니다. 겉으로 봤을 때는 PNG 파일과 다르지 않지만 멈춰 있는 그림 1장으로 이루어진 PNG 파일과 달리 APNG는 파일 내부에 움직이는 모든 프레임이 저장되어 있습니다. PNG 파일과 마찬가지로 배경을 투명하게 저장할 수 있습니다.

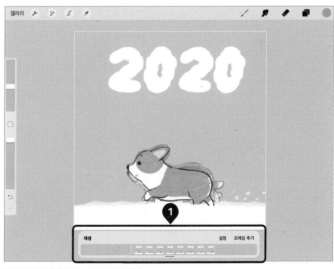

투명한 배경의 움직이는 이모티콘 작업

❶ 애니메이션 어시스트 기능을 이용해 투명한 배경에서 작업합니다.

움직이는 PNG 파일 만들기

APNG 파일 완성

❷ 동작의 공유 메뉴에서

❸ 움직이는 PNG를 선택합니다.

❹ 세팅 값을 조절하여 최종 완성된 APNG 파일을 만들 수 있습니다. '라인 스티커'의 경우 애니메이션 스티커의 포맷이 APNG이지만 세부 설정의 차이로 프로크리에이트에서 제작한 APNG 파일은 라인 스티커로 제출할 수 없습니다. 이 점 주의하기 바랍니다. 라인용 APNG 파일 제작 방법은 챕터5에서 다루니 확인하기 바랍니다.

아이패드 프로크리에이트로 캐릭터 이모티콘 만들기

Chapter
04.

도전!
이모티콘 만들어 보기

04. 도전! 이모티콘 만들어 보기

지금까지 이모티콘을 만들기 위해 알아야 할 것들과 프로크리에이트의 사용법을 배워봤습니다. 이제 배웠던 것을 바탕으로 실제로 이모티콘을 만들어 보겠습니다.

1 이모티콘 기획하기

틈틈이 메모했던 것을 통해 만들고 싶은 이모티콘이 생겼다면 본격적으로 어디서부터 시작해야 할까요? 어떤 방식으로 이모티콘을 만들어 나가야 할지 알아보겠습니다.

▎이모티콘 인기 순위 참고하기

이모티콘은 사회적인 이슈나 유행에 굉장히 민감하며 그것이 빠르게 반영되어 출시됩니다. 현재 가장 인기 있는 이모티콘들을 보면 이모티콘 시장의 대략적인 분위기를 알 수 있습니다. 그런 분위기에 사용자들은 무의식적으로 휩쓸리게 되며 하나의 유행이 만들어집니다. 그렇기 때문에 플랫폼마다 가장 인기 있는 이모티콘의 순위를 살펴보고 비슷한 느낌이나 감성 등을 참고하여 내 아이디어를 발전시키는 것도 좋은 방법입니다. 어떤 이모티콘들이 가장 사랑을 많이 받는지 확인하고 그것을 바탕으로 내 이모티콘의 콘셉트나 타깃을 선정합니다.

플랫폼이 가지고 있는 성향에 따라 인기 이모티콘의 스타일도 다를 수 있습니다. 출시하고자 하는 플랫폼에 맞춰 이모티콘을 제작하는 것이 좋습니다.

카카오톡

라인

밴드

플랫폼별 이모티콘 인기 순위

▌타깃 정하기: 이모티콘의 사용자층을 정하자

앞서 챕터2에서 다루었지만 다시 한 번 강조할 만큼 이모티콘 사용 타깃을 정하는 것은 매우 중요합니다. 내가 만든 이모티콘이 모든 사람에게 사랑을 받는다면 정말 기분 좋고, 행복하고, 신나겠지만 막상 현실은 그렇지 않은 경우가 대부분일 것입니다.

본인이 생각한 아이디어의 감성이 어떤 사용자에게 어필될 수 있는지를 고민하고 그것을 기반으로 캐릭터와 메시지를 정해야 합니다.

5~60대 층을 타깃으로 생각하

10대

20대

카카오 이모티콘 샵의 연령별 순위

면서 병맛 콘셉트의 이모티콘을 만든다면 많은 사랑을 받긴 어렵겠죠. 타깃 연령층에 따라 인기가 있는 이모티콘은 어떤 것들이 있는지 알아보고 그에 맞는 콘셉트를 생각해야 합니다.

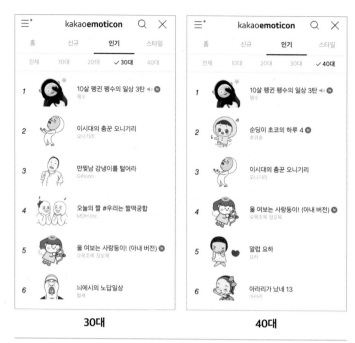

카카오 이모티콘 샵의 연령별 순위

콘셉트 정하기: 시작이 반? 콘셉트가 반이다

저자가 이모티콘 제작에 관한 강의를 하거나 지망생분들을 상담하다 보면 많은 분이 처음 이모티콘을 제작할 때 그림을 잘 그리지 못하는 것을 가장 걱정하셨습니다. 아무래도 이모티콘은 그림을 그려 완성한다고 생각하기 때문에 그림을 잘 그리지 못하는 분들이 제일 두려워하고 그런 부분에서 의욕이 사라집니다. 하지만 저자의 생각은 조금 다릅니다. 물론 그림의 실력이 영향을 끼치지 않는다고 할 수는 없으나

콘셉트는 가장 고민되는 부분입니다

아이패드 프로크리에이트로 캐릭터 이모티콘 만들기

이모티콘 시장에서 그림이 절대적인 영향력을 행사하는 것은 아닙니다. 저자는 잘 그린 그림보다 재미있는 콘셉트의 이모티콘이 대중에게 더 사랑받는다고 생각합니다. 그 이유는 이모티콘은 대화를 풍요롭고 재미있게 만들어 주는 보조 수단으로써 그림의 수준보다 대화의 흐름에 어울리는 메시지를 담고 있는지 아닌지가 사용자에겐 더 중요하기 때문입니다. 그렇기 때문에 저자는 그림의 실력보다 재미있는 아이디어와 콘셉트, 그리고 콘셉트에 어울리는 메시지와 표현으로 이모티콘의 완성도를 판단합니다.

콘셉트를 잡을 때 가장 경계해야 하는 부분이 평범하고 일반적인 생각으로 접근하는 것입니다. '내가 학생이니 학생들이 많이 쓰는 메시지로 이모티콘을 만들어야겠다'라는 식으로 콘셉트를 생각하면 안 됩니다. 학생 혹은 직장인 등 자신이 속해 있는 그룹에서 쓸 수 있는 메시지를 구성하려는 생각 자체는 좋지만 콘셉트는 거기서 특별한 한 가

학생 컨셉

시험 컨셉

자취 컨셉

퇴사 컨셉

다양한 콘셉트의 이모티콘
(왼쪽부터 제자티콘, 시험티콘, 자취생은 혼자서도 잘 놀아요, 퇴준생티콘)

지를 추가해 줘야 합니다. 내 이모티콘만이 가지는 차별성이죠. 똑같은 학생이어도 '게으른 학생'을 콘셉트로 하거나 직장인의 경우엔 '상사 뒷담화 전문 직장인' 같이 넓은 개념의 학생 또는 직장인이 아닌 콘셉트를 정한 캐릭터가 보여줄 행동을 재밌게 부각시켜서 대화에 적절하게 사용할 수 있게 만드는 겁니다. 그렇게 하면 평범한 메시지에도 독특한 재미와 표현이 담기게 됩니다.

자신의 경험을 극대화시키자

저자의 대표적인 이모티콘인 '웰시코기 이광복 씨'는 반려견인 웰시코기 '광복이'를 모델로 만들었습니다.

웰시코기 이광복 씨 이모티콘과 저자의 반려견 광복이

웰시코기라는 실제 강아지를 캐릭터로 만들었기 때문에 자연스럽게 국내에서 웰시코기를 반려하는 분들이 기본 타깃이 되었습니다. 반려하는 강아지를 캐릭터로 만들었기 때문에 그 강아지가 가지고 있는 특성을 반영하여 이모티콘 캐릭터로 잘 표현할 수 있었습니다. 웰시코기 이광복 씨 이모티콘 사용자 중 웰시코기를 반려하고 계신 분들이 많이 있습니다. 이 말씀을 드리는 이유는 이모티콘을 기획할 때 본인이 경험한 일 혹은 속해 있는 그룹에서 많이 쓸 수 있는 메시지로 이모티콘을 제작하는 것이 타깃 설정을 하기도 좋고 처음 작업하는 입장에서는 콘셉트를 정하거나 메시지를 구성하는 것에 도움이 많이 되기 때문입니다.

네이버 카페 '코기러브'

아이패드 프로크리에이트로 캐릭터 이모티콘 만들기

이 사진의 네이버 카페는 국내에서 웰시코기를 반려하는 사람들이 모여 있는 카페입니다. 회원 수가 3만 명 이상이기 때문에 웰시코기 이광복 씨의 경우 해당 카페 이용자들에게 많은 호응을 받았습니다. 관심사가 비슷한 사람들이 모여 있기 때문에 타깃층이 어떤 것을 원하는지 정보를 얻어 이모티콘 제작에 반영하기가 수월합니다. 이렇게 명확한 타깃층이 있다면 그것을 기반으로 팬을 확보하고 사용자층을 넓힐 수 있습니다.

▌실제 이모티콘의 탄생 배경 알아보기

이모티콘 스토어를 살펴보라고 해서 살펴보긴 하지만 보면 볼수록 '와, 이런 건 어떻게 생각하고 만든 거지?' 하는 궁금증만 생길 뿐 정작 나는 어떤 콘셉트로 이모티콘을 만들어야 하는지 머릿속이 혼란스럽기만 하죠. 저자 역시 처음엔 어떤 콘셉트로 이모티콘을 만들어야 할지 어려웠지만 여러 이모티콘을 살펴보며 머릿속에 만들고 싶은 이모티콘이 어떤 것인지 정리해 나갔습니다. 저자의 이모티콘들은 어떤 콘셉트를 가지고 어떻게 만들어졌는지 알아보겠습니다.

❶ 웰시코기 이광복 씨

웰시코기 이광복 씨 이모티콘

사실 저자가 이모티콘 작가가 된 계기는 우연에 가까웠습니다. 반려하고 있던 웰시코기 광복이로 인해 웰시코기와 관련된 일러스트를 틈틈이 그리던 수준이었습니다. 그러던 중 2014년 네이버 라인에서 스티커 공모전을 열게 됩니다.

공모 마감 하루 전 주변 지인이 알려주어 하루 동안 부랴부랴 스티커를 만들어 제출하게 됩니다. 준비 기간이 없었기 때문에 제 반려견 광복이를 캐릭터로 만들었습니다. 많은 분이 자신의 반려동물을 캐릭터로 만들고 싶어 합니다. 저자 역시 비슷한 생각으로 웰시코기 이광복 씨 캐릭터를 만들게 되었습니다.

라인프렌즈

네이버 라인 공모전

그렇기 때문에 특별한 콘셉트를 정하지 않고, 이 책을 읽는 여러분과 똑같이 막연한 상태에서 굉장히 일반적인 접근법으로 작업을 했습니다. 한 가지 의식했던 것은 라인의 대표 캐릭터들이었습니다. 여러분들도 익히 아실 브라운, 샐리, 코니 등 라인프렌즈가 많은 영역에서 활약을 하고 있었죠.

공모전에서 상위권에 입상을 하게 되면 라인 앱을 통해 스티커가 배포되는 방식이었기 때문에 광복이 캐릭터를 최대한 라인 캐릭터의 톤과 비슷하게 만들려고 했습니다. 너무 동떨어진 느낌은 이질감을 줄 것 같기도 하고 라인 내부에서 심사를 할 때 자연스럽게 받아들여지길 원했기 때문입니다. 특별한 콘셉트는 없었지만 강아지 캐릭터 중에 웰시코기는 흔하지 않아서 차별성이 있었고 자연스럽게 국내에서 웰시코기를 반려하는 많은 분이 타깃이 되었습니다. 그렇게 공모전을 위한 최초의 웰시코기 이광복 씨 이모티콘이 탄생하였습니다.

공모전에 출품했던 최초의 웰시코기 이광복 씨 이모티콘

예선 심사 기간이 지나고 운이 좋게도 최종 열 작품에 선정되어 본선 경쟁에 돌입했습니다. 본선은 일정 기간 라인 앱에 스티커를 공개하고 다운로드 횟수와 실제 대화에서 사용된 빈도를 합산하여 우승작을 가리는 것이었습니다.

그 결과 5000대 1이라는 경쟁률을 뚫고 우승이라는 믿기지 않는 성적을 거두었고 그것을 계기로 다양한 플랫폼에서 웰시코기 이광복 씨를 판매하게 되었습니다.

라인 스티커 공모전 본선 작품

라인 스티커 공모전 '웰시코기 이광복 씨' 우승

웰시코기 이광복 씨 이모티콘 시리즈(카카오톡)

웰시코기 이광복 씨 이모티콘 시리즈(카카오톡)

웰시코기 이광복 씨 이모티콘은 현재(2021.02) 6개의 시리즈가 출시되었습니다. 지금까지 약 12만 개가 판매되어 총매출 약 2억4천만원을 기록 중입니다(카카오톡 기준). 이렇듯 우연히 만든 이모티콘 하나가 삶의 많은 부분을 달라지게 할 수 있습니다. 광복이의 경우엔 제대로 된 콘셉트 없이 만들어졌지만 '웰시코기를 반려하는 사람들'이라는 확실하고 충성도 높은 타깃이 있었기 때문에 좋은 결과를 얻을 수 있었습니다. 이모티콘은 누구나 만들 수 있습니다. 하지만 더 나아가 콘셉트와 타깃까지 고려하여 만든다면 개성 넘치고 재기 발랄한 이모티콘이 탄생해 많은 분에게 사랑받을 수 있습니다.

시바견 루이 이모티콘

❷ 시바견 루이

시바견 루이는 광복이로 이모티콘을 발표하고 다음 이모티콘을 준비하던 중 카카오프렌즈나 라인프렌즈 같이 광복이와 함께 활동할 서브캐릭터를 만들어야겠다는 생각으로 작업하여 탄생한 캐릭터입니다. 광복이가 강아지이다 보니 같이 투닥투닥, 우당탕탕 상황을 만들 수 있는 강아지 캐릭터가 좋을 것 같다는 생각과 같은 종보다는 다른 종의 강아지가 타깃층을 넓힐 수 있다는 판단하에 평소 인터넷에서 재밌는 사진들이 많았던 시바견 캐릭터로 결정을 하였습니다.

시바견은 표정이 화난 듯이 보이기도 하고 뚱한 느낌이 들 때가 있어서 성격이 급하고 까불까불한 광복이와 반대되는 무표정하고 과묵한 콘셉트의 친구로 설정했습니다.

시바견(출처:네이버)과 시바견 루이 이모티콘

광복이와 루이의 이모티콘

밝고 쾌활한 성격으로 감정 표현이 확실한 광복이와 과묵하고 무표정한 얼굴로 광복이를 서포트 해주는 루이, 이렇게 서로 보완해 주는 콘셉트로 캐릭터를 만들어 따로 또 같이 이모티콘을 제작하고 있습니다.

❸ 샴고양이 미쉘

미쉘은 웰시코기 이광복 씨의 세계관에서 광복이와 썸을 타는 캐릭터입니다. 광복이의 절친인 루이가 있듯이 광복이와 이성적인 썸을 타는 캐릭터인 미쉘을 이용하여 연인을 타깃으로 작업을 하였습니다. 연인 콘셉트지만 강아지와 앙숙 관계로 알려진 고양이를 캐릭터로 설정하여 많은 내용을 표현할 수 있는 확장성을 부여하였습니다.

미쉘과 광복이 이미지

고양이가 인기가 많아지면서 다양한 고양이 캐릭터들이 이모티콘으로 출시되고 있습니다. 고양이 이모티콘을 제작할 계획이 있는 분들에겐 고양이 캐릭터 인기가 많아진다는 건 좋은 일이기도 하지만 그만큼 경쟁이 치열하다는 뜻도 됩니다. 수많은 고양이 이모티콘 중에 소비자들의 눈에 띄어야 하기 때문에 다양한 콘셉트와 외형을 고민하며 캐릭터를 만듭니다. 그래서 저자는 평범해 보이는 캐릭터 외형을 피하기 위해 고양이 이모티콘들을 많이 살펴본 후 상대적으로 노출이 많이 되지 않은 샴고양이로 정했습니다. 샴고양이는 얼굴 전체에 크게 무늬가 있지만 미쉘은 코와 입 주위에 무늬가 있는 것으로 변형하여 제작하였습니다.

미쉘 이모티콘

이렇게 인기가 있는 동물을 이용하여 세계관을 만들고 세부적인 관계에 따라 이모티콘을 만드는 것도 좋은 방법입니다. 하지만 인기가 많은 동물은 그만큼 경쟁이 치열합니다. 많은 생각과 다양한 접근이 필요합니다.

④ 표정왕 김씨

그림을 그리다 보면 다양한 그림과 감정, 스타일들을 보게 되고 그리게 됩니다. 귀여운 광복이를 캐릭터로 만들어 이모티콘도 만들고 그에 따른 친구들까지 캐릭터로 만들게 되었지만 귀엽고 아기자기한 재밌는 그림 위주로만 생각을 하다 보니 점점 저자 안에 잠들어 있는 하나의 욕구가 스멀스멀 피어오르게 됩니다. 그건 바로 저자 안에 항상 잠재되어 있던 '병맛' 감성입니다.

창작물은 작가의 성향을 반영하기도 합니다. 웰시코기 이광복 씨도 저자가 좋아하는 성향이지만 가끔은 B급 감성의 창작물을 만들 때 재미를 느끼기도 합니다. 그런 감성을 꺼내어 완성한 이모티콘이 바로 '표정왕 김씨'입니다.

이모티콘을 이용하시는 분들은 매우 다양하고 취향도 제각각 다릅니다. 저자가 만든 이모티콘이 모든 이용자의 사랑을 받을 수 있으면 좋겠지만 그건 사실 불가능에 가깝습니다. 그렇기 때문에 한 가지 콘셉트와 그림 스타일에 집중하기보단 내 안의 감성에 따라 떠오르는 다양한 아이디어를 그때그때 메모하고 발

아이패드 프로크리에이트로 캐릭터 이모티콘 만들기

표정왕 김씨 이모티콘

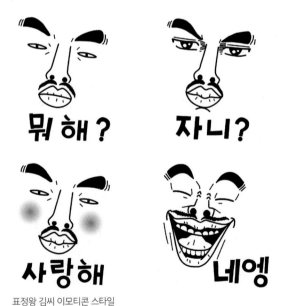

표정왕 김씨 이모티콘 스타일

전시켜야 합니다. 사실 저자는 광복이 캐릭터를 그릴 때보다 이런 독특하고 재밌는 병맛 콘텐츠를 만들 때 더 즐겁게 작업하게 되는 것 같습니다.

표정왕 김씨의 콘셉트는 느끼한 남자의 뻔뻔하고 닭살 돋는 감정 표현입니다. 느끼한 남자에 대해 형성되어 있는 부담스러운 느낌을 콧수염을 전면에 내세운 캐릭터의 과장된 표정으로 표현하였습니다. 행동이 아니라 오직 얼굴 표정으로만 메시지를 표현해야 하기 때문에 어려웠습니다. 지금은 비슷한 콘셉트의 이모티콘이 많이 나왔지만 표정왕 김씨가 처음 나왔을 때는 표정만으로 감정을 표현하는 콘셉트가 신선하다는 평가를 받았습니다. 그 평가는 매출로 증명이 되었습니다. 웰시코기 이광복 씨의 경우 6개의 이모티콘 시리즈를 합해 약 12만 개의 판매고를 올렸지만 단 하나만 출시된 표정왕 김씨는 약 6만 개가 판매가 되었고 1억 2천만 원의 매출을 기록했습니다.

주로 10-20대 사이에서 많은 사랑을 받았던 표정왕 김씨는 그 여세를 몰아 무려 50만 명 이상이 사전 예약을 한 모바일게임 '크리스탈 하츠'의 사전 예약 선물로 서비스되며 다시 한 번 그 성공을 자리매김 했습니다.

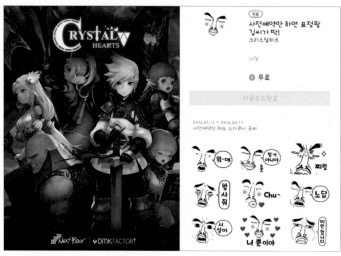

잘 설정된 콘셉트를 통해 만들어진 이모티콘은 다양한 연령층에서 사랑받을 수 있다는 것을 알게 해 준 작업이었습니다.

게임 크리스탈 하츠와 사전예약 선물 표정왕 김씨 이모티콘

활력 김팔팔 옹 이모티콘

❺ 활력 김팔팔 옹

병맛 콘텐츠인 표정왕 김씨의 성공을 바탕으로 기획된 또 하나의 병맛 이모티콘 '활력 김팔팔 옹'입니다. '표정왕 김씨'는 표정으로만 모든 것을 표현해야 했기 때문에 제약이 많았던 것을 보완하기 위해 이번엔 동작을 함께 보여줄 수 있는 이모티콘을 구상했습니다. '활력 김팔팔 옹'은 제목에서도 느껴지는 것과 같이 활력이 넘치는 할아버지 캐릭터입니다. 젊은 사람들보다 활기차고 즐거움이 가득하지만 느끼하고 엉뚱한 면도 많은 콘셉트로 작업하였습니다. 캐릭터 외형 역시 점잖은 스타일이 아닌 머리가 벗겨지고 성격도 다혈질에 촐랑거리는 흔한 동네 할아버지 스타일로 만들었습니다.

하지만 표정왕 김씨보다 많은 부분을 다듬어서 발전시켰다고 생각한 활력 김팔팔 옹은 저자가 그동안 출시했던 이모티

콘 중에 가장 낮은 판매량을 기록했습니다. 좋아하는 분들과 싫어하는 분들이 명확히 갈렸습니다. 정말 웃기고 심지어 귀엽다고 하는 사용자분도 계셨지만 더럽다(?)는 표현과 함께 거부감을 보이는 분도 계셨습니다. 병맛 캐릭터도 너무 비호감으로 보일 수 있는 표현과 캐릭터 설정은 조심해야 한다는 결론을 얻었습니다. 한 가지 재미있는 일은 낮은 판매고와 혹평을 받았던 김팔팔 옹이 어느 날 차트의 상위권에 재등장한 사건이었습니다.

그 이유는 그룹 BTS의 멤버 '뷔'가 팬 단체 톡방에서 나눴던 대화가 기사화가 되었고 그 대화 중에 김팔팔 옹 이모티콘을 사용한 것이 팬들 사이에 알려져 많은 BTS의 팬이 동시에 구매를 하여 차트 역주행을 하게 된 것이었습니다.

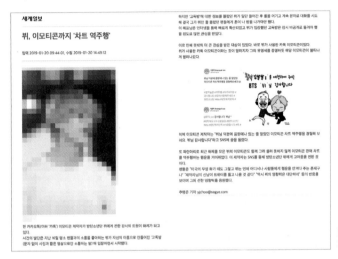

한 카카오톡(이하 '카톡') 이모티콘 저작자의 방탄소년단 뷔에게 전한 감사의 트윗이 화제가 되고 있다.
사진의 왼쪽은 지난 18일 밤 실제 팬들과의 소통을 즐기는 뷔가 평소 자신의 이름으로 만들어진 '고톡별'(문자 없이 사진과 짧은 이모로만 소통하는 밤)이 열렸으며 입장하면서 시작됐다.

이후 BTS 팬들이 김팔팔 옹을 향해 '귀엽다, 사랑스럽다' 등 많은 칭찬을 해주어 같은 이모티콘으로 극과 극의 평가를 받게 되는 재밌는 경험을 했습니다.

BTS 관련 세계일보 기사와
저자가 고마움을 표시한 팬아트

이렇게 저자가 만들었던 이모티콘의 탄생 배경과 콘셉트 등에 대해 알아봤습니다. 머릿속에서 빙빙 돌기만 하던 막연한 아이디어를 모아 어떤 이모티콘을 만들지 고민하고 그 고민의 결과로 이모티콘을 사용할 타깃을 정리했다면 콘셉트 단계가 마무리된 것입니다.

▌콘셉트에 따른 메시지 정리

이모티콘의 아이디어를 모아 어떤 콘셉트의 이모티콘을 만들지 결정했다면 그에 어울리는 메시지를 준비하여 한 세트를 만들어야 합니다. 일반적으로 사용 빈도가 높은 메시지와 대화를 재미있게 만들어 줄 수 있는 상황별 메시지를 적절히 섞어서 구성하면 좋습니다. 사용 빈도가 높은 메시지는 '안녕, 사랑해, 배고파' 등 일상생활에서 대상에 상관없이 자주 쓰는 메시지를 말합니다. 하지만 경우에 따라 완전히 콘셉트에 충실한 메시지들로만 구성하여도 전혀 문제는 없습니다. 구상한 이모티콘이 보편적인 성향의 이모티콘인지 아니면 개성 넘치는 콘셉트의 이모티콘인지 잘 파악하여 메시지를 구성해야 합니다.

사랑해, 감사합니다 등 일반적 메시지(왼쪽부터 사랑하는 그대에게, 사랑해요 러브 꾸꾸, 사랑하면 표현하세요, 사랑에 빠진 토끼)

'나도 함께~' 콘셉트로 만든 메시지(나도티콘)

2 나만의 캐릭터 만들기

이모티콘은 아이디어와 메시지도 중요하지만 그에 못지않게 캐릭터의 역할도 중요합니다. 드라마나 영화에서 내용과 역할에 잘 어울리는 배우를 보면 더욱 몰입을 해서 보게 되죠. 이모티콘의 캐릭터 역시 마찬가지입니다. 표현하고자 하는 메시지를 어떤 외형의 캐릭터가 어떻게 표현하느냐에 따라 이모티콘의 완성도가 달라집니다. 여러 캐릭터를 살펴보고 프로크리에이트 앱을 이용해 캐릭터를 완성해 보겠습니다.

▎캐릭터에 대해 알아보기

세상엔 다양한 캐릭터들이 있습니다. 재미있는 그림체 또는 개성 강한 성격 등 캐릭터마다 특징도 다르죠. 콘텐츠 속 수많은 배우처럼 그림으로 그려진 캐릭터의 세계도 매우 다양합니다. 같은 콘셉트로 캐릭터를 만들어도 작가의 성향에 따라 완전히 다른 캐릭터가 탄생하기도 합니다. 그렇기 때문에 콘셉트 및 타깃을 고려하여 나만의 개성 있는 스타일을 녹여내는 것이 중요합니다. 아무리 멋진 캐릭터를 구상했다고 하더라도 작가의 그림 실력이 그것을 뒷받침하지 못한다면 아무 소용이 없는 일입니다. 자신이 그릴 수 있는 스타일로 캐릭터를 만들어야 합니다.

어떤 소재로 캐릭터를 만들어야 하나 막연할 때는 주변에서 찾아보시는 것도 도움이 됩니다. 주변인 중에 재미있는 성격이나 외모를 가진 분이나 집에서 반려하는 혹은 인터넷에서 본 귀여운 동물들도 캐릭터의 소재로서 아주 좋습니다.

이모티콘 스토어를 살펴보시면 동물들을 소재로 한 이모티콘들이 많이 있습니다. 가장 많은 동물은 아무래도 우리에게 친숙한 강아지, 고양이입니다. 어떤 스타일의 이모티콘이 있는지 살펴보겠습니다.

다양한 강아지 이모티콘(왼쪽부터 우주 최강 귀요미 강아지 부, 카카오프렌즈, 멍무이 멍멍, 스윗하개 뚠뚠시바 유타, 나리의 언어생활)

다양한 고양이 이모티콘(왼쪽부터 다혈질 고양이 탱고, 카카오프렌즈, 앗추추추 모찌찌찌, 급하냥? 바쁘냥? 좋냥?, 코코스타일)

이렇듯 같은 동물이라도 정말 다양한 스타일의 캐릭터로 탄생합니다. 실제 동물의 사진을 이용하여 이모티콘을 만들 수도 있고 단색으로 이루어진 단순한 스타일부터 총천연색의 스타일까지 각양각색의 강아지, 고양이 이모티콘이 존재합니다. 이미 이모티콘으로 많이 있는 동물들이기 때문에 그만큼 경쟁도 치열할 수 있고 사용자들에게 신선함을 주기 힘들 수 있습니다. 많이 다뤄지지 않은 동물이나 곤충을 이용하거나 익숙한 소재를 다루더라도 차이점이 있는 콘셉트로 구성하는 것이 좋습니다.

다양한 동물 및 곤충 이모티콘(왼쪽부터 사투리 쓰는 해달, 개미와 베짱이의 워라밸, 발 달린 물고기는 빠알개, 채식 고슴도치 보브, 헬로 고릴라)

익숙한 동물이지만 콘셉트가 특이한 이모티콘(왼쪽부터 강아지 캐릭터 멱살티콘, 덩어리 토끼, 음주가무냥, 쫄깃쫄깃 젤리곰즈, 건강한 펭귄)

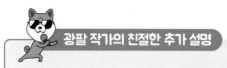
디테일한 캐릭터 설정

캐릭터를 만들 때 남자, 여자, 동물 이런 식으로 설정하기보단 남자 중에서도 어떤 직업 혹은 상태, 마찬가지로 여자 역시 특정 직업이나 상태 또는 남녀의 사회적 호칭이나 거기서 파생되는 다양한 고정관념을 이용하여 작업 할 수 있습니다. 동물을 의인화하여 직업을 부여할 수도 있겠죠.

연인 사이에 사용할 수 있는 두 개의 이모티콘 버전을 구상할 수도 있습니다. 고정관념을 뒤집는 캐릭터의 역 할로도 이모티콘을 만들 수 있습니다. 이렇듯 디테일하게 캐릭터를 설정할수록 다룰 수 있는 이야기가 많아집 니다.

디테일한 캐릭터 이모티콘
(왼쪽부터 알미운 늬에시, 오늘만 사는 미스김, 뽀시래기 쟈근콩-여친ver., 뽀시래기 쟈근콩-남친ver., 공주티콘)

▌캐릭터 그리기

하얀 캔버스를 열고 그림을 그려 보라고 한다면 대부분의 사람은 무엇을 그려야 하나 막막하기만 합니다. 그림을 잘 그리지 못하는 분들은 더욱 그러하겠죠. 그러다 보니 콘셉트와 타깃까지 설정을 했지만 정작 캐릭터 부분에서 더 는 진도를 나가지 못하고 흐지부 지되는 경우가 많습니다.

그런 경우 처음부터 완벽한 그림 을 상상하기 때문에 더욱 어렵습 니다. 이모티콘은 그림을 꼭 잘 그 려야 만들 수 있는 것이 아닙니다.

단순한 그림의 이모티콘(왼쪽부터 케장콘, 대학일기)

낙서 같은 그림일지라도 콘셉트에 어울린다면 충분합니다. 어릴 때부터 아무 의미 없이 그려오던 자신만의 캐릭터가 있는 경우라면 이모티콘에 이용하셔도 좋습니다.

단순한 그림의 이모티콘(왼쪽부터 스마일 토끼, 감정이 풍부한 아이)

3 프로크리에이트를 이용하여 캐릭터 그리기

원과 타원을 이용하여 곰 캐릭터 그리기

우리는 무의식 중에 일상생활에서 수많은 캐릭터에 노출되어 있습니다. 그래서 캐릭터를 그려야 하는 상황이 오면 평소에 익숙하게 봐왔던 완성도 있는 캐릭터를 그려야 한다고 생각하기 때문에 선뜻 그리기 힘든 것입니다. 오랜 시간 그려왔던 자신만의 캐릭터가 없거나 무엇을 그려야 할지 막막하신 분들을 위해 쉽게 캐릭터를 그릴 수 있는 방법을 알려드리겠습니다. 그림 실력이 없어도 간단한 도형을 이용하여 캐릭터를 그릴 수 있습니다.

먼저 프로크리에이트 앱을 열어
❶ 메인 화면에서 오른쪽 상단 '+' 아이콘을 터치한 후
❷ 사용자지정 캔버스 아이콘을 터치합니다.

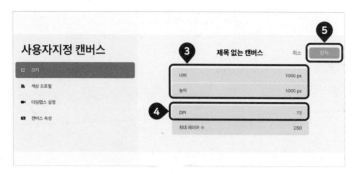

❸ 가로와 세로 부분에 '1000'을 입력하고

❹ DPI는 72로 설정합니다. 인터넷에서 사용되는 그림이나 영상은 72dpi, 인쇄물은 300dpi가 일반적입니다.

❺ 오른쪽 상단의 '창작'을 터치하여 캔버스를 만듭니다.

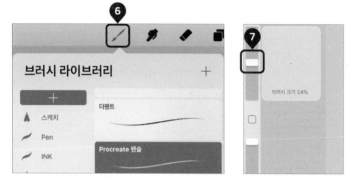

❻ 브러시 아이콘을 터치하여 원하는 브러시를 골라 줍니다.

❼ 브러시 크기 슬라이더를 조절하여 원하는 브러시 굵기를 설정합니다.

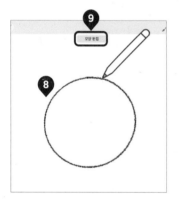

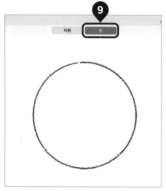

❽ 캔버스에 큰 원을 그립니다. 펜을 떼지 않고 잠시 기다립니다.

❾ 상단의 '모양편집'을 터치하고 '원'을 선택합니다.

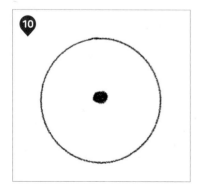

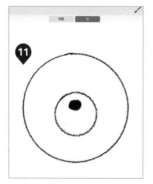

❿ 원의 가운데에 작은 원을 그리고 까맣게 칠해 줍니다. 코가 완성 되었습니다.

⓫ 코 주변으로 곰의 주둥이가 될 원을 하나 더 그려 줍니다.

아이패드 프로크리에이트로 캐릭터 이모티콘 만들기

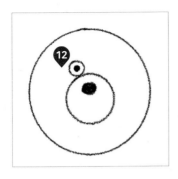

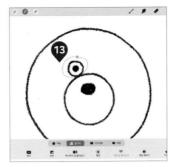

⑫ 그 위로 다시 작은 원을 하나 그려주고 원 안에 검은 원을 그려 눈동자를 만듭니다.

⑬ 올가미 툴로 눈을 선택합니다. 올가미 툴은 왼쪽 상단의 화살표 모양 선택툴을 터치하면 하단에서 고를 수 있습니다.

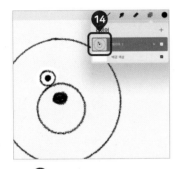

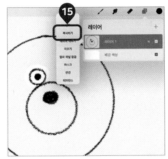

⑭ 레이어 메뉴에서 섬네일을 터치합니다.

⑮ 레이어 세부 메뉴에서 복사하기를 터치합니다.

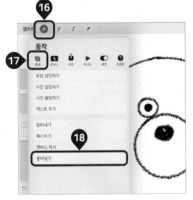

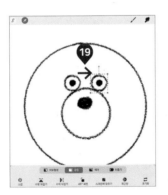

⑯ 동작 아이콘을 터치한 후

⑰ 추가 버튼을 누릅니다.

⑱ 붙여넣기를 선택합니다.

⑲ 이동 툴을 이용하여 위치를 옮깁니다.

⑳ 가상의 선으로 얼굴을 4 등분합니다.

㉑ 좌측 상단 45° 위치에 반원으로 귀를 그립니다.

㉒ 반대편도 같은 방법으로 그립니다. 코 아래로 입도 그립니다.

㉓ 모서리가 둥근 네모를 그려 몸통을 만듭니다.

㉔ 타원을 이용해 양팔을 그립니다.

㉕ 같은 방법으로 양다리를 그려줍니다.

㉖ 지우개 툴을 선택하여 몸과 팔다리가 겹치는 부분들을 지워줍니다.

원과 타원을 이용하여 곰 캐릭터를 완성하였습니다.

레이어 정리

원을 이용하여 곰을 완성한 후 레이어 아이콘을 터치하면 처음과는 다르게 여러 개의 레이어가 생성된 것을 확인할 수 있습니다.

시작 당시 레이어

최종 레이어

이렇게 여러 개의 레이어가 생성된 이유는 복사, 붙여넣기 때문입니다.

기존 그림을 복사하여 붙여넣기를 하게 되면 자동으로 새로운 레이어가 생성되며 그림이 만들어집니다. 그러다 보니 처음 레이어에 그렸던 내용을 복사하려고 해도 레이어가 달라 복사가 안 되는 현상이 일어나기도 합니다. 그래서 중간중간 레이어의 상태를 확인하고 정리하면서 그림을 그려주시면 좋습니다. 편리함을 위해 레이어를 나눠서 작업하는 경우 레이어별로 이름을 정해 혼란을 방지하는 것이 좋습니다.

❶ 섬네일을 터치하여 ❷ 레이어 메뉴 중 '아래 레이어와 병합'을 선택하면 레이어를 합칠 수 있습니다.

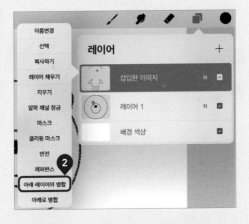

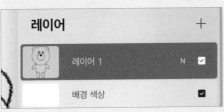

◀ 레이어를 합쳐 정리가 완료되었습니다.

▌완성된 곰 캐릭터 채색하기

곰 캐릭터에 색을 입혀 보겠습니다. 96쪽 '광팔 작가의 친절한 추가설명: 레이어 정리'의 내용처럼 곰 캐릭터를 그리며 만들어진 레이어들을 정리해 줍니다.

❶ 색상 팔레트를 열어 곰의 몸을 칠해 줄 색을 고릅니다.

❷ 색을 드래그하여 곰의 얼굴 및 몸을 칠합니다.

❸ 색상 팔레트를 열어 주둥이를 칠해 줄 색을 고릅니다.

❹ 색을 드래그하여 곰의 주둥이를 칠합니다.

❺ 같은 방법으로 눈에 흰색을 칠하고 완성합니다.

얼굴이 네모난 토끼 캐릭터 만들기

네모, 세모 등 모든 도형을 이용하여 캐릭터를 만들 수 있습니다. 보통 토끼 캐릭터를 만든다고 생각하면 동글동글 귀여운 캐릭터를 먼저 떠올리는 경우가 많이 있습니다. 하지만 사람의 경우 얼굴의 형태가 조금씩 다르듯이 캐릭터 역시 모두 같진 않습니다. 성격에 따라 동그랗게 혹은 각지게 만들 수 있습니다. 평범하고 익숙한 형태는 무난하고 거부감이 없지만 인상적이기 힘들고 개성이 부족해 보일 수 있습니다. 평범함에서 벗어나 개성 있는 형태의 캐릭터로 이모티콘을 만드는 것도 한 가지 접근 방식입니다.

프로크리에이트 메인 화면에서

❶ 오른쪽 상단 '+' 아이콘을 터치한 후

❷ 사용자지정 캔버스 아이콘을 터치하거나

❸ 기존에 만들었던 캔버스 설정을 선택하여 새 캔버스를 만듭니다.

❹ 사용할 브러시를 선택합니다.

❺ 얼굴이 될 네모를 그립니다. 반듯한 선으로 네모를 만들고 싶다면 네모를 그린 후 펜을 떼지 않고 기다립니다.

❻ 상단의 '모양편집'을 이용하여 직사각형, 사각형 등 반듯한 네모를 만듭니다.

❼ 네모의 가운데에 역삼각형을 그려 코를 만들어 줍니다.

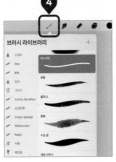

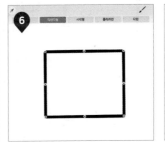
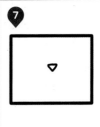

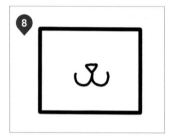

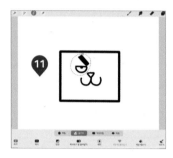

8 주둥이를 그려 줍니다.

9 두꺼운 눈썹을 화가 난 듯 그려 줍니다.

10 심각해 보이는 눈을 그립니다.

11 눈썹과 눈을 올가미 툴로 선택합니다.

12 레이어를 열고 섬네일을 터치합니다.

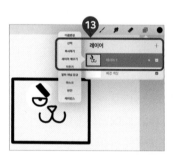

13 레이어 세부 메뉴에서 복사하기를 터치하여 복사합니다.

14 동작 아이콘을 터치합니다.

15 추가합니다.

16 붙여넣기를 선택합니다.

17 이동 툴을 이용하여 위치를 옮깁니다.

18 하단의 메뉴 중에 균등을 선택합니다.

19 수평 뒤집기를 선택하여 반대편 눈을 완성합니다.

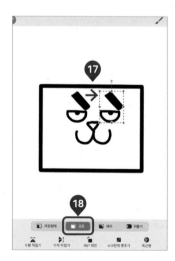

아이패드 프로크리에이트로 캐릭터 이모티콘 만들기

⑳ 네모난 얼굴의 윗부분에 타원
을 이용하여 토끼의 귀를 그립
니다.

㉑ 타원을 이용하여 토끼의 몸을
그려 줍니다.

㉒ 마찬가지로 타원을 이용하여 팔
을 그립니다.

㉓ 다리를 그려 줍니다.

㉔ 지우개로 겹치는 부분을 지워주
면 토끼가 완성됩니다.

┃ 완성된 토끼 캐릭터 채색하기

곰을 채색했던 방식과 마찬가지로 레이어가 여
러 개로 나뉘었다면 하나의 레이어로 정리해 줍
니다.

토끼의 몸을 흰색으로 채색하겠습니다.

❶ 프로크리에이트에서 캔버스를 처음 생성하면 흰
색의 배경이 보입니다.

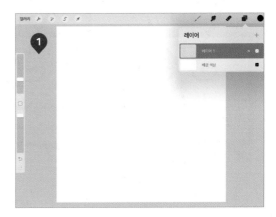

배경 레이어에는 그림을 직접 그릴 수 없습니다. 그러다 보니 캐릭터에 흰색이 채색되어 있지 않은데 채색되어 있다고 착각을 하게 되는 경우가 있습니다. 또 다른 색으로 채색을 할 때는 상관이 없지만 흰색으로 채색을 할 때는 배경색과 채색된 색이 구분되지 않아 정확히 채색이 됐는지 확인하기 어렵습니다.

그럴 때는

❷ 배경 레이어의 체크를 해제하여 비활성화한 후 색을 칠하면 채색 상태를 쉽게 확인할 수 있습니다.

❸ 흰색을 고른 후 원하는 부분에 드래그하여 채워 넣습니다.

❹ 색을 바꿔 준 후 귀 안쪽에 라인을 그려 줍니다.

❺ 라인 안으로 색을 채워 귀의 속살을 표현합니다.

아이패드 프로크리에이트로 캐릭터 이모티콘 만들기

기준 샘플을 만들고 다양한 변형을 통해 캐릭터 만들기

다양한 캐릭터를 그리고 싶지만 그림 그리는 것이 익숙하지 않은 경우엔 캐릭터를 그릴 때마다 많은 스트레스를 받게 됩니다. 그럴 때는 기본이 되는 샘플을 하나 만든 후에 부분 변형을 통해서 새로운 캐릭터를 만드는 것도 좋은 방법이 됩니다.

원과 타원을 이용하여 캐릭터를 그리는 방식과 동일하게 캐릭터 외형을 만듭니다.

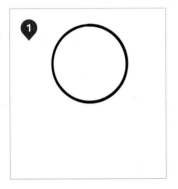

❶ 원을 이용하여 머리를 그리고
❷ 타원을 이용하여 몸과 팔, 다리를 그린 후 겹치는 부분을 지워줍니다. 머리를 제외한 몸 전체는 머리와 1:1의 비율로 그려주면 귀여운 캐릭터를 그리는 데에 도움이 됩니다. 이 외형을 저장한 후 필요할 때마다 재사용하시면 됩니다.

❸ 동물이나 사람의 특징에 맞춰 얼굴을 그립니다.
❹ 동물일 경우 귀, 꼬리 등 해당 동물의 생김새에 맞게 외형을 추가하여 그립니다.

❺ 안경, 모자, 옷을 입히는 등 캐릭터를 꾸밉니다.

샘플 모형을 만들어 두고 수정을 하며 캐릭터를 만들면 쉽게 캐릭터를 변형할 수 있습니다. 이런 방식을 토대로 그림 그리는 것이 익숙해지고 실력이 향상된다면 머릿속에서 상상한 캐릭터의 이미지도 금방 그림으로 그려낼 수 있습니다.

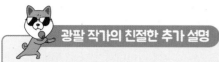
레이어의 세부 기능 - 레퍼런스 · 알파 채널 잠금 · 클리핑 마스크

◆ 레퍼런스(Reference)

레이어의 세부 기능 중 레퍼런스에 대해 알아보겠습니다. 레퍼런스는 '참조'라는 뜻처럼 다른 레이어에 그려진 그림을 참조하는 기능입니다. 캐릭터를 그릴 때

❶ 모든 선이 이어져 있는 경우엔 채색을 하기 수월하지만

❷ 선이 끊어진 스타일의 캐릭터를 그릴 때는 채색을 하기 어렵습니다.

❸ 이어져 있지 않은 곳에 색을 채우면 색이 새어 나오게 되기 때문입니다.

❹ 이어져 있는 곳에 색을 채운 후 일정 부분의 선을 지우게 되면 칠해진 색도 같이 지워져서 원하는 효과를 얻기 어렵습니다.

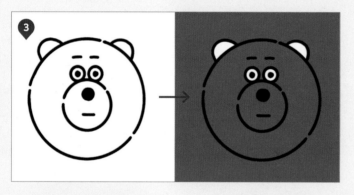

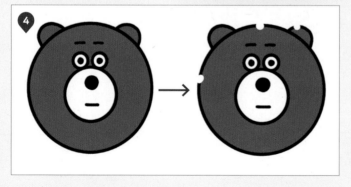

그런 경우에 사용할 수 있는 기능이 레퍼런스입니다. 그려 놓았던 곰 캐릭터를 활용해 보겠습니다. 선이 끊어져 있지 않은 곰 얼굴을 채색해 보겠습니다.

 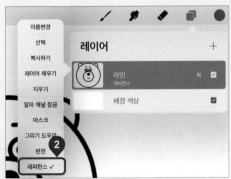

❶ 레이어 창을 열어 섬네일을 터치합니다.

❷ 세부 메뉴 중에 '레퍼런스'를 선택합니다. 레이어 이름 아래에 '레퍼런스'로 표시됩니다.

❸ '+'를 터치하여 새로운 레이어를 만들고

❹ 선이 그려진 레이어 아래로 이동시킵니다. 옮기려는 레이어를 길게 터치하면 이동시킬 수 있습니다.

❺ 색상 팔레트에서 색을 선택한 후 원 안으로 드래그합니다.

❻ 원 안에 색이 칠해진 후 레이어를 확인하면 빈 레이어에 색만 칠해진 것을 확인할 수 있습니다.

❼ 선이 그려진 레이어를 선택합니다.

❽ 원하는 부분을 지우개로 지워줍니다.

선이 끊어진 느낌의 그림을 완성하였습니다.

레이어 세부 메뉴에서 다시 레퍼런스를 선택하면 해제됩니다.

◆ 알파 채널 잠금(feat.레이어 채우기)

레이어에 알파 채널 잠금을 설정하면 현재 레이어에 그림이 그려져 있는 영역에만 수정 및 추가 작업을 할 수 있습니다. 쉽게 말해 그려져 있는 그림 이외의 영역에 새로 그림을 그려도 그려지지 않습니다. 라인 레이어와 채색 레이어가 분리되어 작업되어 있다면 알파 채널 잠금 기능을 이용해 쉽게 전체 선의 색깔을 변경하거나 채색된 부분의 색을 한번에 변경할 수 있습니다.

❶ 레퍼런스 기능으로 작업한 곰 캐릭터 레이어를 열어 줍니다.
❷ 라인 레이어 세부 메뉴에서 '알파 채널 잠금'을 선택해 줍니다.
❸ 라인 레이어의 섬네일이 바둑판 무늬로 바뀐 것을 확인할 수 있습니다.

❹ 라인 색을 검정색 대신 곰의 몸 색깔보다 조금 더 진한 갈색으로 바꿔 보겠습니다. 색상 팔레트를 열어 색을 바꿉니다.
❺ 다시 라인 레이어의 세부 메뉴에서 '레이어 채우기'를 선택합니다.
❻ 라인 전체 색이 깔끔하게 바뀌었습니다.

채색된 곳 역시 같은 방법을 이용하여 원하는 색으로 손쉽게 변경할 수 있습니다.

◆ 클리핑 마스크(Clipping Mask)

마스크는 이미지의 일부분을 가리거나 나타내는 기능입니다. 클리핑 마스크는 아래 위치한 레이어를 기준으로 바로 위의 레이어를 아래 레이어의 형태만큼만 보여주는 기능입니다. 설명이 좀 어렵죠? 위의 레퍼런스를 이용한 작업에 클리핑 마스크를 적용해 보겠습니다.

❶ 새로운 레이어를 만듭니다.

❷ 레퍼런스를 이용하여 채색된 레이어 위로 새로운 레이어를 옮깁니다.

❸ 새로운 레이어의 섬네일을 터치하여 레이어 세부 메뉴 중 '클리핑 마스크'를 선택합니다.

❹ 레이어 섬네일 옆에 아래로 향하는 화살표 아이콘이 생긴 것을 확인할 수 있습니다. 이 레이어는 바로 아래의 레이어에 그려진 그림의 영향을 받는다는 표시입니다.

❺ 색상 팔레트에서 다른 색을 선택합니다.

❻ 색이 칠해져 있는 영역 밖에서부터 올가미로 명암이 들어갈 영역을 정합니다.

❼ 레이어 세부 메뉴에서 '레이어 채우기'를 선택합니다.

❽ 레이어상에는 올가미 영역 전체가 칠해져 있지만 클리핑 마스크가 적용되어 아래 레이어의 영역에만 색이 칠해진 것처럼 보이는 것을 확인할 수 있습니다.

레퍼런스와 알파 채널 잠금, 그리고 클리핑 마스크를 적절한 상황에 이용한다면 더 세밀한 작업 및 수정이 가능합니다.

▎표정을 통해 감정 표현하기

캐릭터를 이용하여 이모티콘을 제작할 때 가장 중요한 것은 메시지에 따른 캐릭터의 생동감 있는 표정 변화입니다. 감정에 따른 다양한 표정을 간략한 그림으로 표현하기는 쉽지 않습니다. 머리로 상상하여 그리는 것보다는 자기 자신의 얼굴을 거울로 보면서 감정에 따른 다양한 표정 변화를 관찰하고 그려보는 것이 가장 좋습니다. 눈썹이 변화하는 모양, 감정에 따른 눈의 모양, 코나 입의 위치, 그에 맞는 얼굴의 형태 등을 확인하고 특징을 뽑아 간략하게 만드는 것이 중요합니다. 같은 표정에서 눈썹의 형태를 바꾸는 것만으로도 다양한 감정을 만들 수 있습니다.

눈썹과 함께 눈과 입의 모양을 변형하여 더욱 다양한 감정을 표현할 수 있습니다.

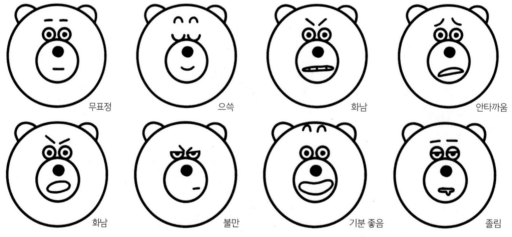

눈썹, 눈, 코, 입을 이용해 표정을 만들어 감정을 표현했다면 땀, 눈물, 반짝이 등 효과를 이용하여 감정 표현을 극대화시킬 수 있습니다. 이모티콘에 사용되는 캐릭터는 현실 세계의 표정보다 극적이고 과장되게 표현해야 더욱 큰 효과를 얻을 수 있습니다.

아이패드 프로크리에이트로 캐릭터 이모티콘 만들기

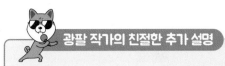

다양한 각도로 표정 그리기

이모티콘에서 표정은 굉장히 중요한 요소 중 하나입니다. 다양한 표정으로 메시지를 표현해야 합니다. 하지만 처음 이모티콘 작업을 하는 분들 중에 많은 분이 공통적으로 하는 실수가 있습니다. 그것은 바로 대부분의 메시지를 정면을 보는 정적인 자세로 표현한다는 것입니다.

정면으로만 그려진 표정과 포즈

위의 그림처럼 대부분의 메시지를 오직 정면의 각도에서만 표현하다 보니 익숙하고 밋밋해 보입니다. 똑같은 메시지라도 각도의 변화에 따라 입체감을 살릴 수 있고 결과적으로 표현력이 한층 살아나 더 재밌는 이모티콘을 만들 수 있게 됩니다.

무시하거나 깔보는 메시지. 각도의 변화에 따라 전달력이 달라진다

캐릭터의 방향이나 각도에 따른 입체감에 변화를 주기 위해 얼굴에 가상의 선을 만들어 구도를 잡아주면 쉽게 그릴 수 있습니다.

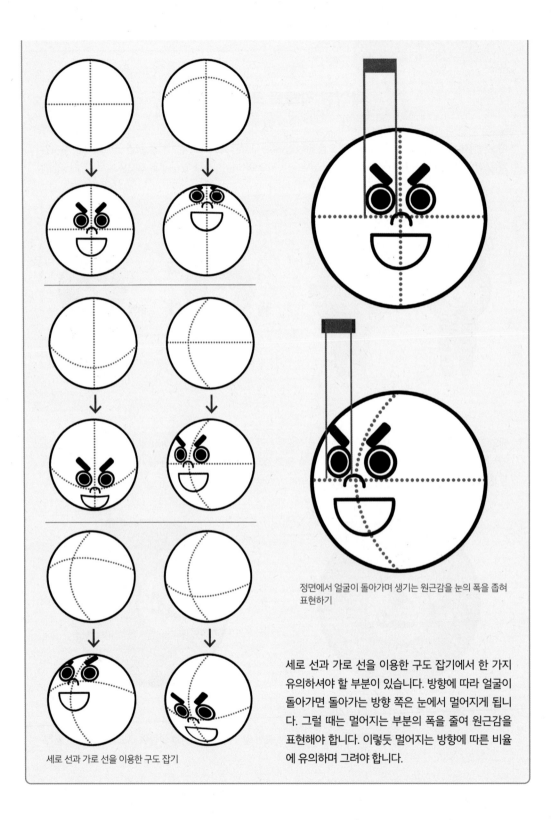

정면에서 얼굴이 돌아가며 생기는 원근감을 눈의 폭을 좁혀
표현하기

세로 선과 가로 선을 이용한 구도 잡기

세로 선과 가로 선을 이용한 구도 잡기에서 한 가지
유의하셔야 할 부분이 있습니다. 방향에 따라 얼굴이
돌아가면 돌아가는 방향 쪽은 눈에서 멀어지게 됩니
다. 그럴 때는 멀어지는 부분의 폭을 줄여 원근감을
표현해야 합니다. 이렇듯 멀어지는 방향에 따른 비율
에 유의하며 그려야 합니다.

아이패드 프로크리에이트로 캐릭터 이모티콘 만들기

다양한 표정 연습하기

다양한 표정을 따라 그려보며 연습합니다.

다양한 각도에 따른 표정 연습하기

각도에 따라 변하는 얼굴을 그려보며 연습합니다.

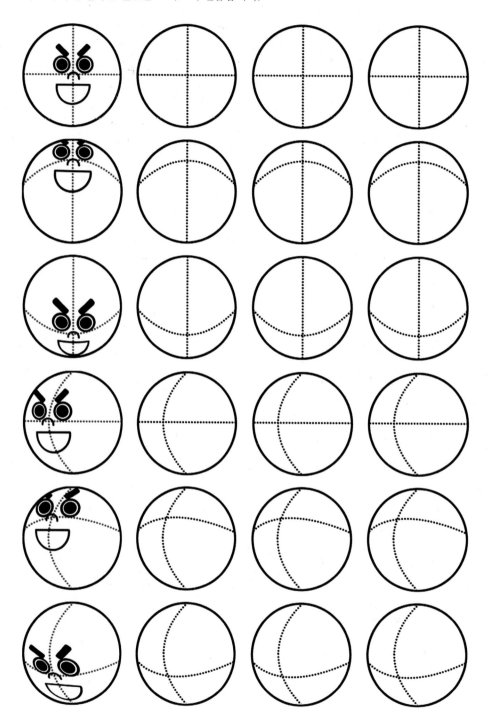

아이패드 프로크리에이트로 캐릭터 이모티콘 만들기

나만의 캐릭터를 그려봅니다.

▌캐릭터 동작 그려보기

광복이, 루이, 미쉘의 동작을 따라 그려봅니다.

아이패드 프로크리에이트로 캐릭터 이모티콘 만들기

4 카카오톡·라인·밴드·OGQ마켓 제안 과정과 제작 가이드라인

이모티콘을 제작하기 전에 어떤 기준으로 이모티콘을 만들어야 하는지 알아야 합니다. 플랫폼마다 기준이 있지만 여기서는 가장 대표적인 카카오톡, 라인, 밴드, OGQ마켓의 제안 과정과 가이드라인에 대해 알아보겠습니다.

▎카카오톡 이모티콘 가이드

카카오톡

카카오프렌즈

카카오톡은 국내에서 가장 많이 사용하는 메신저입니다. 그만큼 많은 사용자를 확보하고 있고 이모티콘의 사용량과 판매량 역시 가장 많습니다. 제안자의 자격에 제한을 두고 있지 않으며 절차 역시 간단합니다. 하지만 제출되는 제안의 수가 엄청나게 많으며 승인되어 출시되는 이모티콘의 수는 정해져 있기 때문에 승인율은 매우 낮습니다. 한 달에 제출되는 시안의 수는 2,000개 이상이라고 알려져 있으며 그중 상품화되어 한 달에 출시되는 이모티콘의 수는 2~300개이니 그 경쟁이 얼마나 치열한지 알 수 있습니다. 심사에 걸리는 시간도 길기 때문에 꼼꼼하고 철저하게 기획하여 제작해야 합니다.

❶ 카카오 계정 만들기

국내에서 스마트폰을 사용하는 대부분의 사람은 카카오톡 앱을 사용할 것입니다. 카카오톡에 이모티콘을 제안하려면 '카카오 이모티콘 스튜디오'에 로그인해야 합니다. 그러기 위해서는 카카오 계정이 필요합니다. 카카오 계정은 이메일로 가입합니다. 기존에 카카오톡을 사용하시며 만들어 놓은 카카오 계정이 있다면 그 계정을 이용하여 로그인하시면 됩니다. 카카오 계정을 따로 만들지 않았다면 카카오톡에서 카카오 계정을 만들거나 가입 페이지(https://accounts.kakao.com)를 이용하여 계정을 만듭니다.

카카오 계정 가입 페이지

❷ 카카오 이모티콘 스튜디오 로그인하기

계정을 만들었다면 카카오 이모티콘 스튜디오 홈페이지(https://emoticonstudio.kakao.com)로 접속하여 오른쪽 상단의 마이스튜디오를 터치하여 로그인합니다.

카카오 이모티콘 스튜디오 로그인

로그인 후 보이는 메인 화면 상단에서 '제안가이드'를 터치하여 내용을 살펴봅니다.

메인 화면 제안가이드

아이패드 프로크리에이트로 캐릭터 이모티콘 만들기

카카오톡은 멈춰 있는 이모티콘과 움직이는 이모티콘, 그리고 큰 이모티콘 이렇게 세 가지로 구분하여 제안할 수 있습니다.

멈춰 있는 이모티콘은 투명 배경의 PNG 파일 32개로 제안합니다. 움직이는 이모티콘은 애니메이션으로 만들어진 이모티콘으로 3개의 GIF 파일과 21개의 PNG 파일로 제안합니다. 멈춰 있는 이모티콘과 움직이는 이모티콘의 사이즈는 360×360으로 동일합니다. 큰 이모티콘은 멈춰 있는 이모티콘과 움직이는 이모티콘보다 큽니다. 3개의 GIF 파일과 13개의 PNG 파일로 제안합니다. 3개의 GIF 파일 사이즈는 각각 540×540, 540×300, 300×540입니다.

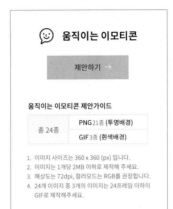
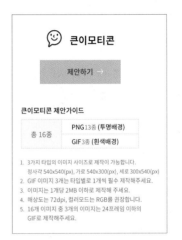

카카오 이모티콘 스튜디오 제안가이드

이모티콘 제안은 '이모티콘 시안 제작 - 심사 결과 대기(약 2주~4주) - 심사 결과 확인(승인, 미승인) - 이모티콘 상품화(승인된 이모티콘 판매를 위한 작업) - 이모티콘 상품 출시'의 과정으로 진행됩니다.

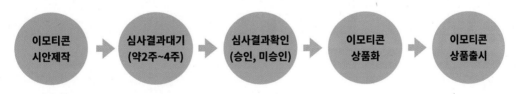

이모티콘 상품화 과정

┃ 라인 스티커 가이드

라인은 일본에서 처음 출시되었고 국내보다는 일본과 동남아에서 많은 사용량을 보입니다. 시안을 제출하면 승인을 통해 선별적으로 출시하는 카카오톡과는 달리 라인은 크리에이터스 마켓에 시안을 등록하면 미풍양속을 해치는 내용이 아닌 이상 대부분 출시되므로 승인율이 높습니다.

다만 기본 언어가 영어이기 때문에 필수 정보 및 스티커의 내용을 영어로 작성해야 하는 관계로 제안 과정이 조금 불편합니다. 처음 스티커를 기획할 때 스티커의 제목과 설명 등을 영어로 준비하시기 바랍니다.

라인 프렌즈

라인

 광팔 작가의 한 마디

라인에서는 이모티콘 대신 스티커라는 명칭을 사용합니다. 멈춰 있는 이모티콘은 '스티커', 움직이는 이모티콘은 '애니메이션 스티커'라고 합니다.

❶ 라인 크리에이터 등록하기

라인 앱을 설치하고 설정 옵션에서 계정을 설정합니다. 그런 다음 라인 크리에이터스 마켓(https://creator.line.me)에 접속하여 '마이페이지'를 클릭합니다.

라인 앱에서 설정한 이메일과 비밀번호로 로그인합니다. 라인 크리에이터스 마켓에 크리에이터로 회원가입을 하면 등록이 완료됩니다. 등록이 성공적으로 완료됐다면 가입한 계정으로 메일이 전송됩니다. 메일 인증이 필요하니 메일을 확인하여 인증해 줍니다.

라인 크리에이터 등록하기

아이패드 프로크리에이트로 캐릭터 이모티콘 만들기

❷ 라인 스티커 가이드라인 살펴보기

시안을 제출하여 승인을 받는 카카오톡과는 다르게 라인은 최종 완성 파일로 제안하게 되어 있습니다. 스티커에 관련된 모든 과정을 제작 완료하여야 하기 때문에 시간이 많이 소요됩니다. 그렇기 때문에 작업 시작 전에 제작 가이드의 내용을 꼼꼼히 살펴보고 작업을 진행하여야 합니다. 요구하는 파일에 오류가 없다면 이모티콘의 승인율이 높으니 제작 기준에 벗어나는 파일이 없는지 확인하기 바랍니다.

라인은 스티커의 경우 화면 크기가 370×320(px), 애니메이션 스티커의 경우 320×270(px)으로 직사각형을 이룹니다. 하지만 멈춰 있는 스티커는 캐릭터 사방으로 10px의 여유 공간이 있어야 하기 때문에 실질적으로 작업해야 하는 공간은 350×300입니다. 애니메이션 스티커는 사방 10px의 여유 공간이 필요 없습니다. 이런 것들을 잘 살펴보고 작업하시기 바랍니다. 또 스티커의 기본 개수가 정해져 있지 않고 스티커의 경우 8개, 16개, 24개, 32개, 40개 중 선택할 수 있으며 애니메이션 스티커의 경우 8개, 16개, 24개 중 선택할 수 있습니다.

요구사항

이미지

	개수	크기(px)
메인 이미지	1개	너비 240 x 높이 240
스티커 이미지	8, 16, 24, 32, 40종 중 선택 가능	최대 너비 370 x 높이 320
대화방 탭 이미지	1개	너비 96 x 높이 74

제작 가이드라인(스티커)

요구사항

이미지

	개수	크기(px)	파일 형식
메인 이미지	1개	너비 240 x 높이 240	.png(APNG)
애니메이션 스티커 이미지	8종, 16종, 24종	최대 320 x 270픽셀	.png(APNG)
대화방 탭 이미지	1개	너비 96 x 높이 74	.png

제작 가이드라인(애니메이션 스티커)

이미지 여백

트리밍된 이미지와 콘텐츠 사이에는 약간의(10픽셀 정도) 여백이 필요합니다. 상하좌우 밸런스를 고려해 디자인해 주세요.

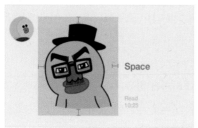

스티커 여백

PNG 파일(프레임) 제작

· 각 이미지는 애니메이션 스티커의 최대 크기(320 x 270) 이내로 제작해야 합니다.
· APNG의 각 프레임이 최대 크기를 초과하지 않도록 주의해 주세요.
· 이미지에 여백이 없도록 주의해 주세요.

최대 320 x 270픽셀

1. PNG 파일 제작
PNG 파일을 지정된 크기에 맞도록 제작해 주세요.

2. 여백 삭제
애니메이션 부분을 제외한 다른 부분을 모두 삭제해 주세요.

애니메이션 스티커 여백 삭제

 광팔 작가의 한 마디

라인은 카카오톡과 달리 처음 제안할 때부터 완성 파일을 등록해야 하기 때문에 필요로 하는 파일도 많고 그에 따른 가이드도 복잡합니다. 가이드에 안내되어 있는 내용을 충족하지 못할 경우 제안 자체가 되지 않기 때문에 반드시 꼼꼼히 살펴본 후 작업해야 합니다.

▌네이버 밴드 스티커 가이드

네이버 밴드는 사람들 간의 모임을 위해 만들어진 앱입니다. 사회생활을 하다 보면 동호회, 스터디 등 주제별로 모임을 갖게 되는 경우가 많이 있습니다. 해당 모임 사람들끼리 밴드를 만들어 정보를 공유하고 대화도 하면서 스티커를 사용할 수 있습니다. 밴드는 카카오톡처럼 시안을 제출하고 승인을 받아 출시하는 시스템입니다.

❶ 밴드 스티커 제작 가이드 살펴보기

네이버 밴드

밴드에 스티커를 제안할 때 가입이나 로그인이 필요하진 않습니다. 밴드 스티커샵(https://partners.band.us)에 접속하여 제안 방법을 알아봅니다. 밴드는 스티커와 애니메이션 스티커 두 가지를 제안받습니다.

스티커는 총 5컷의 시안을 제작하여 제출하면 됩니다. 애니메이션 스티커는 멈춰 있는 PNG 5컷, 움직이는 GIF 3컷, 이렇게 총 8컷의 시안을 제출합니다. 스티커의 사이즈는 370×320으로 라인과 마찬가지지만 라인과 다른 점은 캐릭터 사방으로 10px의 여유 공간을 두지 않아도 되는 것입니다.

밴드 스티커 제작 가이드

OGQ마켓 스티커 가이드

OGQ마켓은 스티커, 이미지, 컬러링시트, 음원 등 다양한 콘텐츠를 구입할 수 있는 마켓입니다. 스티커의 경우 네이버 블로그와 카페, 아프리카TV 등에서 사용할 수 있습니다. 라인 스티커처럼 전체 완성된 스티커를 제출하여 승인 시 판매할 수 있는 시스템입니다. 라인과 마찬가지로 파일에 문제가 없다면 승인율이 매우 높습니다.

네이버 OGQ마켓

 광팔 작가의 한 마디

처음 이모티콘을 작업하시는 분들께 권해드리는 플랫폼입니다. 카카오톡처럼 심사를 통과하기 어려운 방식이 아니기 때문에 가벼운 마음으로 도전해 볼 수 있습니다. 실제로 내가 만든 이모티콘이 판매되는 경험을 얻기 좋은 플랫폼입니다.

아이패드 프로크리에이트로 캐릭터 이모티콘 만들기

❶ OGQ 크리에이터 스튜디오 등록하기

OGQ 크리에이터 스튜디오는 별도의 회원가입 절차 없이 SNS 계정(네이버, 페이스북, 구글)으로 로그인할 수 있습니다. OGQ 크리에이터 스튜디오(https://creators.ogq.me)에 접속하여 원하는 계정으로 연동하면 내 콘텐츠를 업로드하고 판매 현황을 파악할 수 있는 대시보드가 나타납니다.

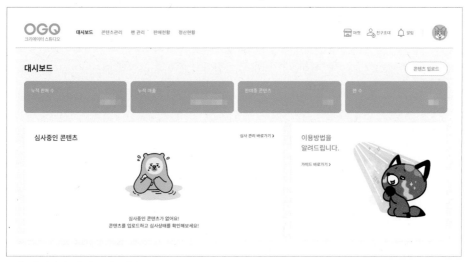

콘텐츠에 관한 정보를 볼 수 있는 대시보드

 광팔 작가의 한 마디

OGQ 크리에이터 스튜디오에 로그인 후 프로필 설정에서 판매자 정보를 입력할 수 있습니다. 은행과 계좌번호를 입력하고 인증 받으면 판매에 따른 수익금을 지급받을 수 있습니다.

❷ OGQ마켓 스티커 가이드 살펴보기

OGQ마켓의 스티커 제작과 제출 방식은 라인 스티커 방식과 유사합니다. 모든 파일의 제작이 완료된 시점에서 제안을 할 수 있습니다. 라인과 마찬가지로 파일에 문제가 있거나 미풍양속을 해치는 내용이 아닌 이상 승인율은 높습니다. 승인이 된 스티커는 작가가 판매 시점을 정할 수 있습니다. 스티커, 애니메이션 스티커 모두 24개의 파일을 작업하여 업로드하여야 합니다. 판매 가격은 3가지 중 선택하여 설정할 수 있습니다.

1. 콘텐츠 제작
제작 가이드에 맞춰 콘텐츠를 제작하고 업로드 해주세요.

2. 심사 요청
심사는 약 2주간 소요되며 내부 기준에 따라 검토 후 결과를 알려드립니다.

3. 심사 결과 확인
심사에 합격한 콘텐츠는 '판매 개시' 버튼을 눌러 판매를 시작할 수 있습니다.

4. 판매 시작
이제 크리에이터님의 콘텐츠가 네이버 내 여러 서비스는 물론 OGQ의 글로벌 마켓에서 판매 됩니다.

출처: OGQ마켓

스티커와 애니메이션 스티커 사이즈 모두 740x640으로 다른 플랫폼의 이모티콘보다 크며 같은 네이버 계열인 라인, 밴드와 마찬가지로 직사각형입니다. 라인, 밴드의 스티커보다 크기가 두 배로 늘어났습니다. 그렇기 때문에 처음에 OGQ용으로 사이즈를 정하여 작업하시고 후에 라인과 밴드용으로 줄여서 업로드하는 것을 권장합니다. 세부적인 가이드를 잘 살펴보고 작업하시기 바랍니다.

애니메이션 스티커 가이드(출처: OGQ마켓)

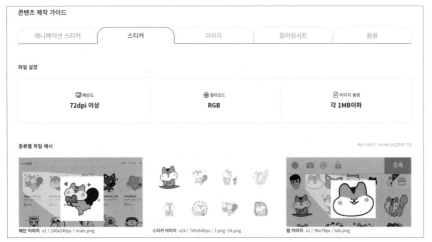
스티커 가이드(출처: OGQ마켓)

아이패드 프로크리에이트로 캐릭터 이모티콘 만들기

5 멈춰 있는 이모티콘 만들기

지금까지 이모티콘의 콘셉트를 정하고 그 콘셉트를 바탕으로 캐릭터를 만들어 보았습니다. 그리고 플랫폼마다 미세하게 다른 이모티콘의 제작 기준을 살펴보았습니다. 이제부터 예제를 이용하여 실제로 이모티콘을 만들어 보고 파일 관리, 작업 방식 등 작업에 필요한 정보들을 배워 보겠습니다.

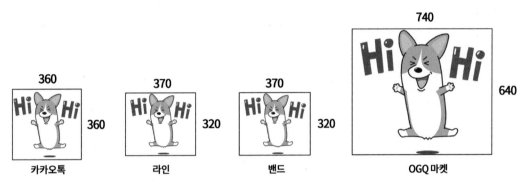

각 플랫폼의 멈춰 있는 이모티콘 크기(단위: 픽셀(px))

위의 그림에서 보듯이 카카오톡은 정사각형의 이모티콘을 요구하고 라인과 밴드, OGQ마켓은 직사각형의 스티커를 원합니다. 같은 직사각형의 스티커라도 사이즈가 다르기도 합니다. 그럼 같은 그림을 플랫폼에 따라 모두 다른 크기로 그려야 할까요? 그렇게 작업을 한다면 비효율적일 것입니다. 저자는 가장 크게 하나의 이모티콘을 제작한 후 플랫폼의 기준에 맞춰 그림의 사이즈를 조절하여 제출하는 방식을 선호합니다.

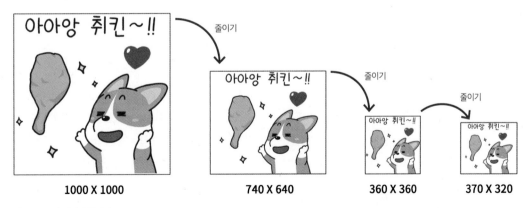

1000px 그림 단계별 줄이기

저자는 이모티콘을 작업할 때 1000×1000px의 캔버스를 만들어 제작합니다. 카카오톡 기준인 정사각형으로 작업하는 것이 나중에 직사각형으로 수정하기 쉽다고 판단했기 때문입니다. 이모티콘 가이드에서 요구하는 사이즈로 작업을 할 경우 이모티콘 이외의 용도로는 사용하기 어렵지만 큰 사이즈로 작업하면 해당 그림을 이모티콘용이 아닌 굿즈 등 다른 곳에도 사용할 수 있기 때문에 기본적으로 크게 작업합니다. 하지만 너무 크게 사이즈를 정할 경우 아이패드 사양에 따라 메모리 부족으로 앱 종료 현상이 생길 수 있어 무난한 1000px로 정했습니다.

그림의 이용 방법

그럼 이제 예제를 통해 멈춰 있는 이모티콘을 만들어 보겠습니다. 예제에 사용한 프로크리에이트 파일은 모두 다운로드받을 수 있으니 참고하시기 바랍니다.

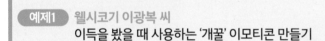

예제1 웰시코기 이광복 씨
이득을 봤을 때 사용하는 '개꿀' 이모티콘 만들기

예제 파일 다운로드 https://bjpublic.tistory.com/395

'개꿀' 이모티콘은 공짜로 무언가를 얻는 상황에 사용하는 이모티콘입니다. 물건 혹은 어떠한 이득을 볼 때 사용할 수 있습니다. '아싸 공짜' 같은 메시지를 사용할 수도 있지만 '개꿀'이 인터넷이나 일상에서 유행처럼 사용되는 표현이기도 하고 광복이가 강아지 캐릭터였기 때문에 연관성을 이용하면 더 재미있을 것이라는 판단으로 메시지를 '개꿀'로 정했습니다.

아이패드 프로크리에이트로 캐릭터 이모티콘 만들기

① 스케치

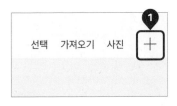

❶ 프로크리에이트의 메인 화면에서 '+' 아이콘을 터치합니다.

❷ 새로운 캔버스 아이콘을 터치합니다.

❸ '제목 없는 캔버스'를 터치하여 파일 이름을 '이모티콘'으로 바꿔주고 가로와 세로를 모두 1000px로, DPI는 72로 적은 후 창작 버튼을 터치합니다.

❹ 브러시 아이콘을 터치하여 원하는 브러시를 선택합니다.

❺ 색상팔레트를 열어 원하는 색을 선택합니다. 저자는 보통 프로크리에이트 기본 브러시와 붉은색을 선택하여 스케치를 합니다.

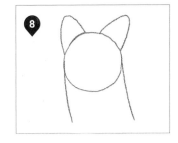

❻ 원을 그려 줍니다.

❼ 원의 좌우 끝에 선을 길게 그려 광복이의 몸통을 만듭니다.

❽ 원의 상단 양쪽으로 귀를 그립니다.

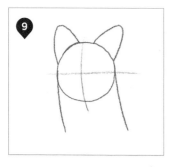 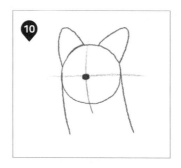 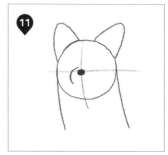

9 얼굴을 살짝 돌린 방향으로 그리겠습니다. 표정을 그리는 시간에 배웠던 가상의 선을 그려 줍니다.

10 가로선과 세로선이 만나는 부분에 코를 그립니다.

11 코 주변으로 주둥이 선을 그립니다.

  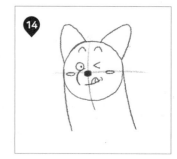

12 눈썹과 눈을 그립니다. 한쪽 눈은 윙크를 하는 모습으로 그립니다.

13 입을 그리고 군침이 도는 것처럼 혀를 그립니다.

14 양쪽 볼을 그립니다.

15 옆구리에 꿀이 들어있는 꿀단지를 그립니다.

16 꿀단지를 끼고 있는 왼팔을 그립니다.

17 단지에서 꿀을 듬뿍 떠서 입으로 가져가려는 듯한 포즈의 오른팔을 그립니다.

아이패드 프로크리에이트로 캐릭터 이모티콘 만들기

⑱ 광복이의 무늬를 그립니다. 색을 칠할 부분에 살짝 빗금을 그어 표시합니다.

⑲ 귓속 부분을 그립니다.

⑳ 윙크하는 눈 옆으로 하트 아이템을 그립니다.

㉑ 캔버스의 왼쪽 여백에 '개 꿀' 글씨를 씁니다.

㉒ 이동 및 변형 툴을 이용하 여 캔버스에 알맞게 크기를 변경하고 마무리합니다.

② 채색

❶ 레이어 창을 열어 '+' 아이콘을 터치하여 새 레이어를 만듭니다.

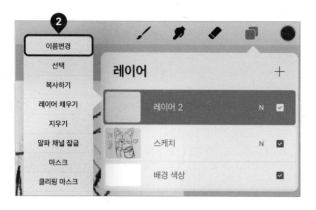

❷ 스케치, 라인으로 레이어 이름을 바꿔 정리합니다. 이름을 바꿀 레이어를 터치하여 나타나는 세부 메뉴에서 이름 변경을 선택하면 바꿀 수 있습니다.

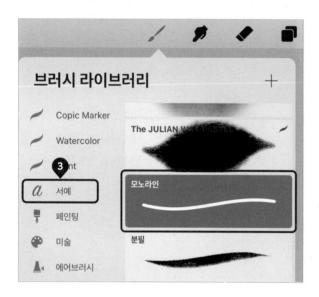

❸ 브러시 창을 열어 라인 작업을 할 브러시를 선택합니다. 광복이의 경우 깔끔한 라인을 위해 '서예' 카테고리의 '모노라인' 브러시를 이용합니다.

❹ 색상팔레트를 열어 원하는 색을 선택합니다.
❺ 브러시 굵기를 원하는 대로 조절합니다.

아이패드 프로크리에이트로 캐릭터 이모티콘 만들기

❻ '스케치' 레이어에 그려진 밑그림을 따라 외곽선을 '라인' 레이어에 그립니다. 그런데 외곽선 작업을 할 때 간혹 레이어 선택을 잘못하여 '스케치' 레이어 위에 외곽선을 그리는 경우가 있습니다. 전문적으로 작업을 하는 저자 역시 쉽게 저지르는 실수이니 주의하여 작업하시기 바랍니다.

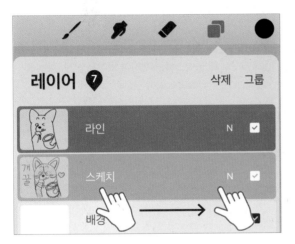

❼ '라인' 레이어에 그려진 그림의 선이 모두 이어져 있지 않고 허리 아래가 뚫려 있는 상태이기 때문에 아래쪽 캔버스 끝으로 이동하여 뚫린 곳을 막은 다음 채색을 하겠습니다. 레이어 창을 열고 이미 선택되어 있는 레이어 이외에 같이 옮기고 싶은 레이어를 좌→우로 쓸어 넘겨 선택해 줍니다.

❽ 왼쪽 상단에 있는 화살표 모양의 이동과 변형 아이콘을 터치하여 캔버스 아래 경계선에 광복이의 몸이 닿을 수 있도록 그림을 옮겨 줍니다.

❾ 레이어 창을 열어 '+' 아이콘을 터치하여 새로운 레이어를 만든 후 '채색'으로 이름을 수정하고 '라인' 레이어 아래로 옮깁니다.

❿ 레이어 창의 가장 아래에 있는 '배경 색상'의 체크 박스를 해제하여 보이지 않게 만듭니다.

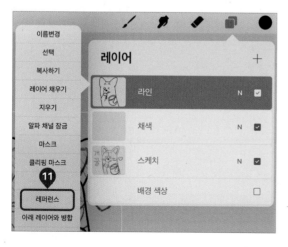

⓫ '라인' 레이어의 섬네일을 터치하여 세부 메뉴를 불러온 후 '레퍼런스'를 선택합니다.

아이패드 프로크리에이트로 캐릭터 이모티콘 만들기

⑫ 색상팔레트를 열어 흰색을 선택합니다.

⑬ 레이어 창을 열어 '채색' 레이어를 선택합니다. '스케치' 레이어의 체크를 해제합니다.

⑭ 몸통 부분으로 흰색을 드래그하여 칠합니다.

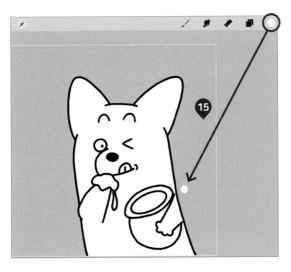

⑮ 칠해지지 않은 곳들도 추가로 드래그하여 색을 채워 줍니다. 색을 다 칠했다면 '라인' 레이어의 '레퍼런스' 옵션을 해제합니다. 레이어 세부 메뉴에서 '레퍼런스'를 다시 선택하면 해제됩니다.

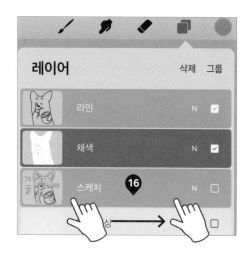

이제 다시 그림을 원래 위치인 캔버스 가운데로 옮기겠습니다.

⓰ 레이어 창을 열어 현재 선택되어 있는 레이어 외에 다른 레이어들을 하나씩 좌→우로 쓸어 넘겨 모두 선택합니다.

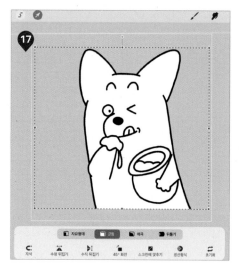

⓱ 왼쪽 상단에 있는 화살표 아이콘을 터치하여 그림을 원래 위치인 가운데로 옮겨줍니다.

⓲ 레이어 창을 열어 '채색' 레이어를 선택합니다.

아이패드 프로크리에이트로 캐릭터 이모티콘 만들기

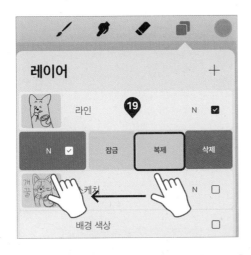

이제 광복이의 무늬 부분을 채색하겠습니다.

⓳ 레이어 창을 열고 흰색이 칠해져 있는 채색 레이어를 우→좌로 쓸어 넘겨 '복제'를 선택합니다.

⓴ 레이어 섬네일을 터치하여 세부 메뉴 중에 '클리핑 마스크'를 선택합니다. 클리핑 마스크가 선택된 레이어 앞에 작은 화살표가 생긴 것을 확인할 수 있습니다. 이 표시는 클리핑 마스크가 적용된 레이어가 바로 아래에 위치한 레이어의 영향을 받는다는 표시입니다. 현재 광복이가 흰색으로 칠해져 있는 레이어의 영향을 받는 것이기 때문에 그 영역 외에 다른 곳에는 색이 칠해지지 않습니다.

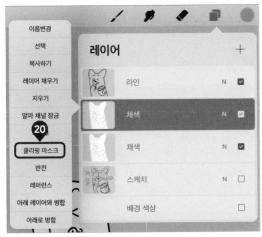

㉑ '스케치' 레이어를 길게 터치하여 레이어 가장 상단으로 위치를 옮깁니다. 스케치 레이어를 활성화해 줍니다.

㉒ 색상팔레트를 열어 광복이의 무늬색인 주황색을 고릅니다.

㉓ 레이어 창에서 클리핑 마스크가 적용된 '채색' 레이어를 선택합니다.

㉔ '스케치' 레이어에 그려진 광복이 무늬를 보며 선을 그립니다.

㉕ 무늬가 칠해질 영역을 그려줬다면 색을 드래그하여 무늬 부분을 채웁니다.

㉖ 색상팔레트에서 색을 바꿔 귓속 부분을 그린 후 색을 드래그하여 채워 줍니다.

㉗ 색을 바꿔 볼과 혀의 색을 칠합니다.

㉘ 같은 방법으로 꿀과 꿀단지, 하트 역시 칠해 줍니다. 그림 부분이 완성되었습니다. 이제 텍스트를 넣어 최종적으로 완성해 보겠습니다.

㉙ 화면 왼쪽 상단의 공구 모양 아이콘을 터치하여 '동작' 메뉴를 열어 줍니다.

㉚ '추가' 메뉴에서 '텍스트 추가'를 선택합니다.

㉛ 생성된 텍스트 창에 '개꿀'을 입력합니다.

㉜ 텍스트 박스의 파란 점을 드래그하여 박스 크기를 줄이면 가로로 쓰여 있던 글이 세로 쓰기로 바뀝니다.

아이패드 프로크리에이트로 캐릭터 이모티콘 만들기

㉝ 텍스트 박스를 터치하여 드래그하면 위치를 옮길 수 있습니다. '스케치'에 그려 놓은 텍스트 위치로 이동합니다.

㉞ 텍스트 박스를 터치하여 키보드의 오른쪽 상단에 있는 'Aa'를 선택하여 스타일 편집으로 들어갑니다.

㉟ 폰트, 스타일 등 텍스트의 세부 사항을 설정하고 '완료' 버튼을 터치합니다.

㊱ '스케치' 레이어를 비활성화해 줍니다. 텍스트를 이용한 '개꿀' 이모티콘이 완성되었습니다.

폰트 대신 손글씨로 이모티콘을 만들고 싶지만 글씨를 예쁘게 쓰기 어렵다면 기존 폰트를 이용하여 손글씨를 쓰는 방법이 있습니다.

㉤ 레이어 창을 열어 폰트 레이어를 가장 아래로 이동시킵니다.

㉘ '개꿀' 텍스트를 선택한 후 색상 팔레트를 열어 텍스트를 붉은색으로 바꿉니다.

㉙ '라인' 레이어를 선택한 후 라인과 같은 색으로 브러시 색을 바꾸고 폰트를 따라서 글씨를 써 줍니다.

㊵ 완성 후 폰트 레이어를 비활성화합니다. 손글씨 '개꿀' 이모티콘이 완성되었습니다.

아이패드 프로크리에이트로 캐릭터 이모티콘 만들기

무료 폰트 설치하기

이모티콘을 제작하다 보면 기존 폰트를 이용하여 메시지를 작성하거나 작가의 손글씨를 이용하기도 합니다. 손글씨로 작업을 하는 경우엔 크게 고민할 부분이 없지만 기존 폰트를 이용하려면 폰트 저작권에 주의하셔야 합니다. 대부분의 상업용 폰트는 이모티콘에 사용할 경우 법적 제재를 받습니다. 본인이 구매한 폰트도 사용 범위에 따라 사용을 하지 못할 수 있으니 확인 후 사용하셔야 합니다. 그런 부분에서 자유롭기 위해 저자의 경우엔 무료 폰트를 이용하거나 손글씨로 작업을 합니다. 무료 폰트는 인터넷을 통해 다양한 업체 또는 정부와 지자체에서 배포하고 있습니다. 예시를 통해 폰트 다운 및 설치 방법을 알아보겠습니다.

◆ 배달의 민족 무료 폰트 다운받고 프로크리에이트에 설치하기

❶ 아이패드에서 사파리를 열고 우아한 형제들 (http://woowahan.com) 홈페이지에 접속합니다.

❷ 스크롤을 내려 '글꼴' 부분의 '글꼴 구경하기'로 들어갑니다.

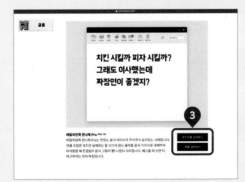

❸ 무료 글꼴들을 살펴보고 원하는 폰트를 다운로드 합니다(윈도우용, 맥용 모두 가능합니다).

❹ 프로크리에이트 앱을 실행합니다.

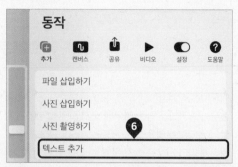

❺ 새로운 캔버스를 하나 만듭니다(사이즈는 상관없습니다).

❻ 왼쪽 상단의 공구 아이콘을 터치하여 동작 메뉴를 열고 추가 메뉴에서 텍스트 추가를 선택합니다.

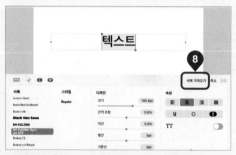

❼ 키보드 오른쪽 상단의 '스타일 편집'을 선택합니다.

❽ 오른쪽 상단의 '서체 가져오기'를 선택합니다.

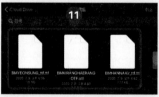

❾ '둘러보기' 메뉴에서 'iCloud Drive'를 선택합니다.

❿ '다운로드' 폴더를 선택합니다.

⓫ 폴더 내부에 다운받은 폰트가 보입니다.

⓬ 폰트를 선택하면 자동으로 설치가 되고 서체 목록을 통해 확인할 수 있습니다.

PC에서 다운받은 폰트를 'iCloud Drive'나 '드롭박스' 같은 외부 클라우드 서비스를 이용하여 설치할 수도 있습니다. 무료 폰트를 배포하는 여러 단체를 찾아보고 설치하여 원하는 폰트를 이모티콘에 이용하기 바랍니다.

아이패드 프로크리에이트로 캐릭터 이모티콘 만들기

레이어 투명도를 이용하여 '부끄부끄' 이모티콘 만들기

예제 파일 다운로드   https://bjpublic.tistory.com/395

이모티콘을 작업하다 보면 메인 캐릭터 이외에도 상황에 맞는 아이템이나 효과를 표현해야 할 때가 있습니다. 단순히 캐릭터만 있는 것보다는 훨씬 풍부한 감정을 느끼게 해 주기 때문입니다. 이번 예제인 광복이 이모티콘은 부끄럽거나 쑥스러움을 느낄 때 혹은 사랑스러움을 표현하고 싶을 때 사용하는 이모티콘입니다. 레이어 투명도를 조절하여 효과를 적용하겠습니다.

① 스케치

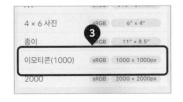

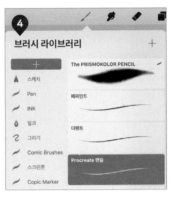

❶ 프로크리에이트의 메인 화면에서 '+' 아이콘을 터치합니다.

❷ 기존에 있는 프리셋과 함께 만들었던 적이 있는 캔버스 사이즈는 설정이 저장되어 있습니다.

❸ 1000×1000px 크기의 캔버스를 선택하여 새 캔버스를 만듭니다.

❹ 브러시 아이콘을 터치하여 원하는 브러시를 선택합니다.

❺ 색상 팔레트를 열어 원하는 색을 선택합니다.

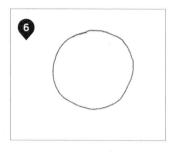 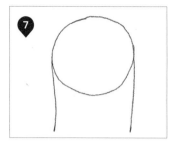 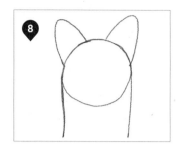

6 원을 그립니다.

7 원의 좌우 끝에 선을 길게 그려 광복이의 몸통을 만듭니다.

8 원의 상단 양쪽으로 귀를 그립니다.

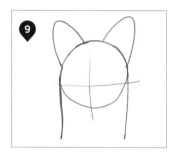 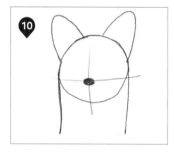 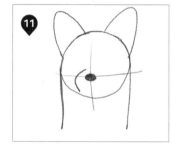

9 얼굴의 구도를 잡기 위해 가로 세로 선을 그립니다.

10 가로선과 세로선이 만나는 부분에 코를 그립니다.

11 코 주변으로 주둥이 선을 그립니다.

12 눈썹과 눈을 그립니다. 반짝반짝 빛나는 눈을 표현하기 위해 검은 눈동자만 두껍게 그립니다. 눈 안에 흰색 점을 찍어 눈이 반짝이는 것을 표현합니다. 꼭 정해진 캐릭터 그대로 그려주는 것이 아닌 상황에 따라 과장과 변형이 필요합니다.

13 오른팔과 손가락을 물고 있는 입을 그립니다.

14 양쪽 볼을 그립니다.

아이패드 프로크리에이트로 캐릭터 이모티콘 만들기

⑮ 부끄러운 듯 볼에 올려놓은 왼손을 그립니다.

⑯ 몸통 옆에 하트를 그립니다.

⑰ 캐릭터와 겹치게 뒤쪽에 동그란 불빛을 그립니다.

⑱ 광복이의 무늬를 그립니다.

⑲ 색을 칠할 부분에 살짝 빗금을 그어 표시합니다.

⑳ 귓속 부분을 그립니다.

㉑ 이동 및 변형 툴을 이용하여 캔버스에 알맞게 크기를 변경하고
마무리합니다.

② 채색

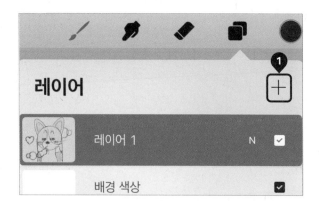

❶ 레이어 창을 열어 '+' 아이콘을 터치하여
새 레이어를 만듭니다.

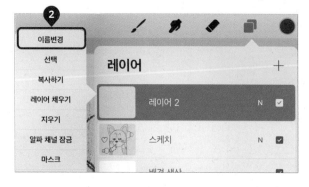

❷ 레이어를 원하는 이름으로 바꿔 정리합니다.

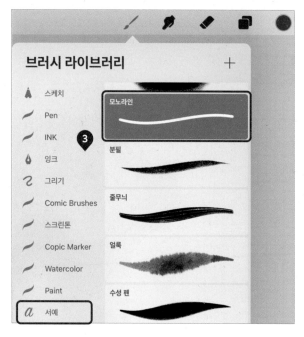

❸ 브러시 창을 열어 라인 작업을 할 브러시
를 선택합니다.

아이패드 프로크리에이트로 캐릭터 이모티콘 만들기

④ 색상 팔레트를 열어 원하는 색을 선택합니다.

⑤ 브러시 굵기를 원하는 대로 조절합니다.

브러시 크기 8%

⑥ '스케치' 레이어에 그려진 밑그림을 따라 외곽 선을 '라인' 레이어에 그립니다. '스케치' 레이어에 라인을 그리지 않도록 주의합니다.

레이어 ⑦   삭제 그룹

라인   N ☑

스케치   N ☑

배경

⑦ '라인' 레이어에 그려진 그림의 선이 모두 이어 져 있지 않고 허리 아래가 뚫려 있는 상태이기 때문에 아래쪽 캔버스 끝으로 이동하여 뚫린 곳을 막은 다음 채색을 하겠습니다. 레이어 창 을 열고 이미 선택되어 있는 레이어 이외에 같 이 옮기고 싶은 레이어를 좌→우로 쓸어 넘겨 선택합니다.

❽ 왼쪽 상단에 있는 화살표 모양의 이동과 변형 아이콘을 터치하여 캐릭터 라인이 캔버스 끝에 닿을 수 있도록 그림을 옮겨줍니다.

❾ 레이어 창을 열고 '+' 아이콘을 터치하여 새로운 레이어를 만든 후 '채색'으로 이름을 수정하고 '라인' 레이어 아래로 옮깁니다.

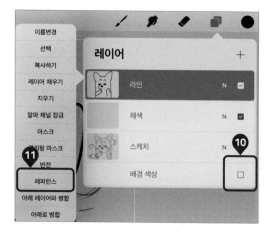

❿ 레이어 창의 가장 아래에 있는 '배경 색상' 레이어의 체크를 해제하여 보이지 않게 만듭니다.
⓫ '라인' 레이어의 섬네일을 터치하여 세부 메뉴를 불러온 후 '레퍼런스'를 선택합니다.

아이패드 프로크리에이트로 캐릭터 이모티콘 만들기

⑫ 색상 팔레트를 열어 흰색을 선택합니다.

⑬ 레이어 창을 열어 '채색' 레이어를 선택합니다.

⑭ 몸통 부분으로 흰색을 드래그하여 채색합니다. 채색되지 않은 곳들도 추가로 드래그하거나 선을 이용하여 색을 채워 줍니다.

이제 다시 그림을 원래 위치인 캔버스 가운데로 옮기겠습니다.

⑮ 레이어 창을 열어 현재 선택되어 있는 레이어 외에 다른 레이어들을 하나씩 좌→우로 쓸어넘겨 모두 선택합니다.

⑯ 왼쪽 상단에 있는 화살표 아이콘을 터치하여 그림을 원래 위치인 가운데로 옮깁니다.

⑰ 레이어 창을 열어 '라인' 레이어의 '레퍼런스'를 해제하고 '채색' 레이어를 선택합니다.

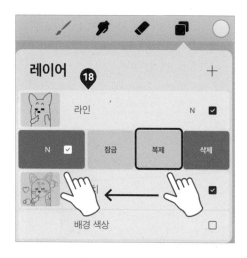

이제 광복이의 무늬 부분을 채색하겠습니다.

⑱ 레이어 창을 열고 채색 레이어를 우→좌로 쓸어 넘겨 복제합니다.

⓳ 복제된 채색 레이어 섬네일을 터치하여 세부 메뉴 중에 '클리핑 마스크'를 선택합니다. 레이어 앞에 작은 화살표가 생긴 것을 확인할 수 있습니다.

⓴ 스케치 레이어를 길게 터치하여 레이어 가장 상단으로 옮깁니다.

㉑ 색상 팔레트를 열어 광복이의 무늬색인 주황색을 고릅니다.

㉒ 레이어 창에서 클리핑 마스크가 적용된 '채색' 레이어를 선택합니다.

㉓ 스케치 레이어에 그려진 광복이 무늬선을 보며 선을 그립니다.

㉔ 무늬가 칠해질 영역을 그려줬다면 레이어 창을 열어 스케치 레이어의 체크를 해제하여 비활성화합니다.

아이패드 프로크리에이트로 캐릭터 이모티콘 만들기

㉕ 색을 드래그하여 무늬 부분을 채웁니다.

㉖ 레이어 창을 열어 '스케치' 레이어를 활성화합니다.

㉗ 색상 팔레트에서 색을 바꿔 귓속 부분을 그린 후 색을 드래그하여 채워 줍니다.

㉘ 다시 색을 바꿔 볼의 색을 칠합니다.

㉙ 같은 방법으로 하트 역시 칠해 줍니다.

그림 부분이 완성되었습니다. 이제 배경 효과를 넣어
최종적으로 완성해 보겠습니다.

㉚ 레이어 창에서 새로운 레이어를 만들어 가장 아래로 옮
겨주고 레이어 이름을 '배경'으로 변경합니다.

아이패드 프로크리에이트로 캐릭터 이모티콘 만들기

31 색상 팔레트에서 노란색을 선택합니다.

32 브러시로 원을 그린 후 펜을 떼지 않고 유지합니다. '모양 편집' 메뉴에서 원을 선택합니다. 같은 방식으로 원을 추가합니다.

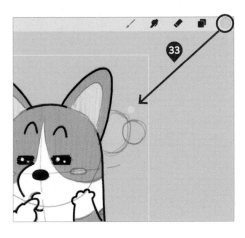

33 노란색을 드래그하여 채웁니다.

34 레이어 창을 열어 노란 원이 그려진 레이어의 'N'을 터치합니다.

35 레이어 속성에서 불투명도 슬라이더를 움직여 수치를 60%로 맞춥니다.

광팔 작가의 한 마디

다양한 종류의 레이어 속성을 적용해 보고 어떤 차이가 있는지 확인하기 바랍니다. 44쪽 레이어 설명 동영상 참조

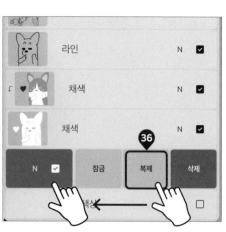

36 노란 원이 그려진 레이어를 우→좌로 쓸어 넘겨 '복제'를 선택합니다.

③⑦ 왼쪽 상단의 리본 아이콘을 터치하여 '올가미'를 선택합니다.

③⑧ 노란 원을 선택합니다.

③⑨ 이동 및 변형 툴에서 균등 옵션을 선택합니다.

40 모서리의 파란 점을 잡고 크기를 줄여줍니다.

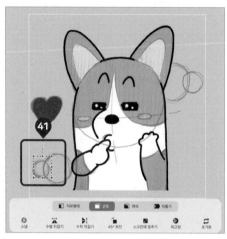

41 위치를 옮겨 원이 겹치게 만듭니다.

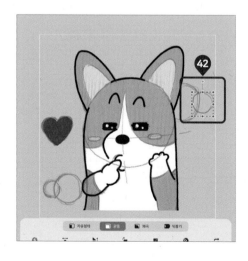

42 **40**과 같은 같은 방법으로 다른 원 역시 크기를 줄여 겹치게 해 줍니다.

아이패드 프로크리에이트로 캐릭터 이모티콘 만들기

㊸ 레이어 창을 열어 가장 아래의 '배경 색상' 레이어를 선택하면 배경색을 바꿀 수 있습니다.

㊹ 배경이 바뀌었을 때 단순히 노란 원이 아닌 밑색이 비치는 상태로 바뀐 것을 확인할 수 있습니다. 어떤 배경에서 사용되더라도 캐릭터 뒤에서 불빛이 비추는 효과를 얻을 수 있습니다.

'부끄부끄' 이모티콘이 완성되었습니다.

예제 파일 다운로드 https://bjpublic.tistory.com/395

이번에 작업할 예제는 깜놀 이모티콘입니다. 놀랐을 때의 감정은 표정만으로는 표현이 조금 심심하기 마련입니다. 그래서 놀란 상황을 표현하는 격렬한 동작이나 효과를 같이 사용하기도 하는데 그럴 때 많이 쓰는 것이 바로 '집중선 효과'입니다. 만화에서 캐릭터가 빠르게 달려갈 때 캐릭터 주변으로 직선들이 그려져 있는 것을 본 적이 있을 겁니다. 또 놀라는 얼굴 주변으로 원형의 선들이 함께 그려져 캐릭터의 얼굴로 시선이 집중되는 느낌을 주는 장면도 있죠. 이모티콘에서도 그런 효과를 사용하여 표현합니다. 그냥 그릴 수도 있지만 프로크리에이트의 '그리기 가이드' 기능을 이용하여 깔끔하게 그리는 방법을 알아보겠습니다.

❶ 스케치

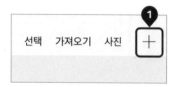

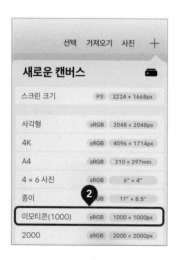

❶ 프로크리에이트의 메인 화면에서 '+' 아이콘을 터치합니다.

❷ 기존에 있는 프리셋에서 1000×1000px 크기의 캔버스를 선택합니다.

❸ 브러시 아이콘을 터치하여 원하는 브러시를 선택합니다.

❹ 색상 팔레트를 열어 원하는 색을 선택합니다.

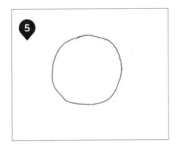 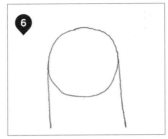 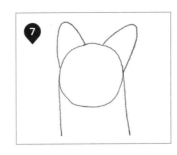

5 원을 그립니다.

6 원의 좌우 끝에 선을 길게 그려 광복이의 몸통을 만듭니다.

7 원의 상단 양쪽으로 귀를 그립니다.

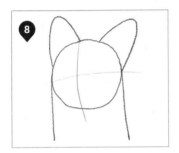 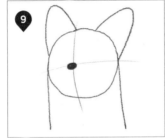 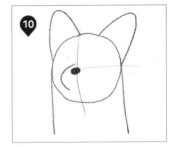

8 얼굴의 구도를 잡기 위해 가로 세로 선을 그립니다.

9 가로선과 세로선이 만나는 부분에 코를 그립니다.

10 코 주변으로 주둥이 선을 그립니다.

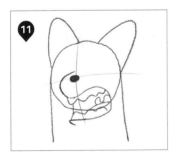  

11 깜짝 놀라는 표정이므로 벌리고 있는 입을 과장하여 크게 그립니다. 입 속이 보이기 때문에 이빨과 혀, 목젖도 그립니다.

12 놀란 듯 크게 뜨고 있는 눈과 눈썹을 그립니다. 이때 주둥이 뒤쪽으로 보이는 눈은 살짝 가려지게 그립니다.

13 양쪽 볼을 그립니다.

⑭ 놀라서 올리고 있는 양팔을 그립니다.

⑮ 캐릭터 주변으로 집중선을 그립니다. 스케치이기 때문에 반듯한 직선일 필요는 없습니다.

⑯ 크게 느낌표 두 개를 그립니다.

⑰ 광복이의 무늬를 그립니다.

⑱ 색을 칠할 부분에 살짝 빗금을 그어 표시합니다.

⑲ 귓속 부분을 그립니다.

⑳ 이동 및 변형 툴을 이용하여 캔버스에 알맞게 크기를 변경하고 마무리합니다.

아이패드 프로크리에이트로 캐릭터 이모티콘 만들기

❷ 채색

❶ 레이어 창을 열어 '+' 아이콘을 터치하여 새 레이어를 만듭니다.

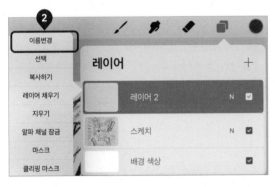

❷ 레이어를 원하는 이름으로 바꿔 정리합니다.

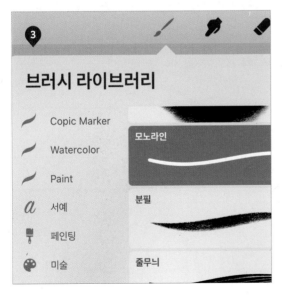

❸ 브러시 창을 열어 라인 작업을 할 브러시를 선택합니다.

④ 색상 팔레트를 열어 원하는
색을 선택합니다.

⑤ 브러시 굵기를 원하는 대로
조절합니다.

브러시 크기 7%

⑥ '스케치' 레이어에 그려진 밑그림을 따라 외곽선을
'라인' 레이어에 그립니다. 집중선과 느낌표는 그리
지 않습니다. '스케치' 레이어에 라인을 그리지 않도
록 주의합니다.

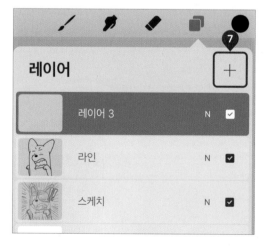

⑦ 새 레이어를 하나 추가합니다.

아이패드 프로크리에이트로 캐릭터 이모티콘 만들기

❽ 레이어 세부 메뉴에서 '이름 편집'을 이용하여 레이어 이름을 '느낌표'로 바꿔줍니다.

❾ 스케치를 따라서 느낌표를 그립니다. 레이어를 나눠 느낌표를 그리는 이유는 캐릭터 위에 집중선이 그려져야 하고, 다시 그 위에 느낌표가 그려지기 때문입니다. 캐릭터와 집중선, 느낌표를 모두 '라인' 레이어 하나에 그리면 수정이 어려워집니다. 지난 예제 부끄부끄 이모티콘 작업에서 배경의 빛을 그리기 위해 레이어를 나눠서 작업했던 경우를 생각하면 됩니다.

❿ 레이어 창의 '느낌표' 레이어를 비활성화합니다.

⑪ 새 레이어를 하나 추가하여 '느낌표' 레이어 아래로 이동하고 레이어 이름을 '집중선'으로 바꿉니다.

⑫ 왼쪽 상단의 공구 모양 아이콘을 터치하여 '동작' 메뉴를 열어 줍니다. 그리고 캔버스 메뉴에서 '그리기 가이드' 옵션을 활성화합니다.

⑬ '편집 그리기 가이드'를 터치합니다.

아이패드 프로크리에이트로 캐릭터 이모티콘 만들기

⓴ 아래에 나타나는 세부 메뉴에서 '원근'을 터치합니다.

⓵ 가운데로 집중되는 선을 그리기 위해 그림 캔버스의 한가운데를 터치하여 소실점을 생성합니다. 위치를 조정하고 싶다면 다시 터치한 후 손을 떼지 않고 이동하면 됩니다.

⓶ 하단의 세부 메뉴에서 가이드의 불투명도, 굵기 등을 조절합니다. '그리기 도움받기'를 활성화합니다.

⑰ 오른쪽 상단의 '완료'를 터치합니다.

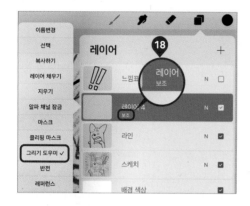

⑱ 레이어 창을 열면 집중선 레이어에 '보조'라는 표시가 되어 있습니다. 레이어 세부 메뉴를 보면 '그리기 도우미'에 체크가 되어 있는 것을 확인할 수 있습니다.

⑲ 이제 캔버스에 표시되어 있는 가이드를 참고하며 선을 그려 봅니다. 직선이 가이드를 따라서 반듯하게 그려지는 것을 확인할 수 있습니다. ⑯에서 '그리기 도움받기'를 활성화하였기 때문에 직선으로 그려집니다. '그리기 도움받기'를 비활성화한다면 자유롭게 선이 그려집니다. 그림의 스타일에 따라 원하는 방식으로 사용하면 좋습니다.

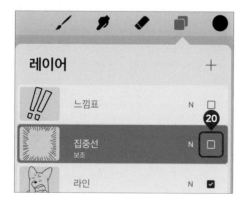

⑳ 레이어 창을 열고 집중선 레이어를 비활성화합니다.

아이패드 프로크리에이트로 캐릭터 이모티콘 만들기

㉑ '배경 색상' 레이어 역시 비활성화합니다.

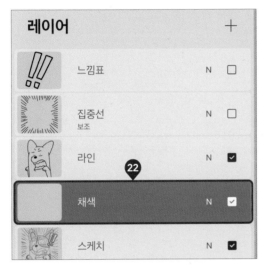

㉒ 새 레이어를 추가하여 '채색'으로 이름을 바꿉니다.

㉓ '라인' 레이어의 세부 메뉴에서 '레퍼런스'를 선택합
니다.

❷❹ 색상 팔레트를 열어 흰색을 고릅니다.

❷❺ '채색' 레이어를 선택합니다.

❷❻ 흰색을 드래그하여 광복이 몸을 채색합니다.

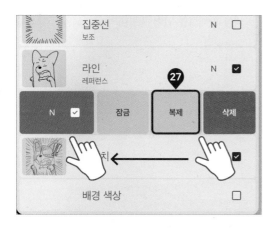

이어서 광복이의 무늬 부분을 채색하겠습니다.

❷❼ 레이어 창을 열고 채색 레이어를 우→좌로 쓸어 넘겨 복제합니다.

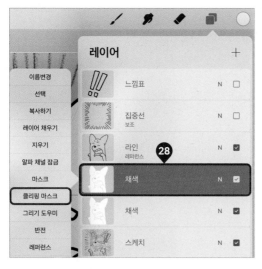

❷❽ 복제된 채색 레이어 섬네일을 터치하여 세부 메뉴 중에 '클리핑 마스크'를 선택합니다. 레이어 앞에 작은 화살표가 생긴 것을 확인할 수 있습니다.

❷❾ '스케치' 레이어를 길게 터치하여 레이어 가장 상단으로 위치를 옮겨주고 '라인' 레이어의 레퍼런스를 해제합니다.

㉚ 색상 팔레트를 열어 광복이의 무늬색인 주황색을
고릅니다.

㉛ 레이어 창에서 클리핑 마스크가 적용된 '채색' 레이
어를 선택합니다.

㉜ 스케치 레이어에 그려진 광복이 무늬를 보며 선을
그립니다.

                                      아이패드 프로크리에이트로 캐릭터 이모티콘 만들기

③③ 색을 드래그하여 무늬 부분을 채웁니다.

③④ 색상 팔레트에서 색을 바꿔 볼을 채색합니다.

③⑤ 혀와 입 안, 목젖도 라인으로 영역을 나눠준 뒤 색을 채웁니다.

③⑥ 색상 팔레트에서 색을 바꿔 귓속을 채색합니다.

③⑦ 레이어 창을 열어 '느낌표' 레이어를 활성화합니다.

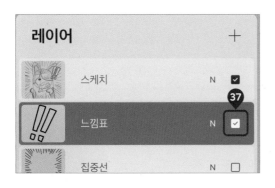

❸❽ 새 레이어를 추가하여 '느낌표' 레이어 아래로 옮깁니다. 레이어 이름을 '느낌표 채색'으로 바꿉니다.

❸❾ '느낌표' 레이어의 세부 메뉴에서 '레퍼런스'를 선택합니다.

❹⓿ '느낌표 채색' 레이어를 선택합니다.

41 색상 팔레트를 열어 붉은색을 고릅니다. 붉은색은 눈에 잘 띄며 강한 전달력을 가지고 있기 때문에 효과에 많이 쓰입니다.

42 색을 드래그하여 느낌표를 채웁니다.

43 레이어 창을 열어 배경 색상과 '집중선' 레이어를 활성화해 줍니다.

④④ '스케치' 레이어를 비활성화합니다.

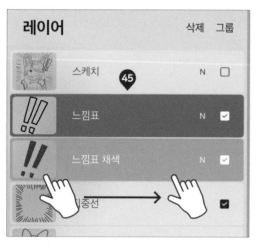

④⑤ 레이어 창을 열어 '느낌표'와 '느낌표 채색' 레이어를 선택합니다. 선택된 레이어 이외에 추가로 레이어를 지정할 때는 지정할 레이어를 좌→우로 쓸어 넘기면 됩니다.

④⑥ 왼쪽 상단에 있는 화살표 모양의 이동과 변형 아이콘을 터치하여 느낌표를 원하는 위치로 옮깁니다.

'깜놀' 이모티콘이 완성되었습니다.

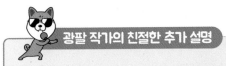
브러시 손 떨림 보정

이모티콘을 만들기 위해 스케치를 하고 레이어를 추가하여 라인 작업을 하다 보면 마음속에서는 날렵하고 깔끔하게 선이 그려지길 바라지만 현실은 그렇지 않은 경우가 많아서 속상할 때가 있습니다. 선이 매끄럽지 않고 울퉁불퉁 그려지는 대부분의 경우는 아무래도 연습 부족이겠지만 손떨림 현상도 한몫한다고 생각합니다. 저자 역시 손떨림 때문에 매끄러운 선 작업을 못하는 경우가 많이 있습니다. 태생적으로 고치기 힘들 수도 있고 아무리 연습을 해도 단기간에 극복하기는 힘든 부분이라고 생각됩니다. 다행히 프로크리에이트 프로그램 내의 기능으로 약간이나마 조정을 할 수 있는 방법이 있습니다. 브러시의 세부 옵션을 조정할 수 있는 '브러시 스튜디오'를 이용하여 설명해 보겠습니다.

❶ 브러시 아이콘을 터치합니다.

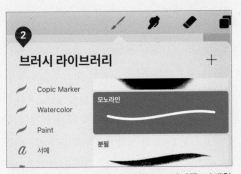

❷ '브러시 라이브러리'에서 원하는 브러시를 선택합니다.

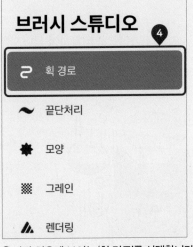

❹ 가장 처음에 보이는 '획 경로'를 선택합니다.

❸ 선택한 브러시를 한 번 더 터치하면 '브러시 스튜디오'가 실행됩니다.

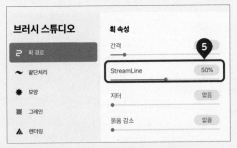

❺ 두 번째 옵션인 'StreamLine'을 선택합니다.

❻ 스트림라인의 수치를 조절하면 선의 부드러움을 조정할 수 있습니다. 수치가 높으면 세세한 움직임이 무시되며 선이 그려지고, 수치가 낮으면 원하는 방향으로 세세하게 선이 그려집니다. 오른쪽의 '그리기 패드'에 그려 보면서 자신에게 잘 맞는 수치를 찾아보기 바랍니다. 복잡하고 세세한 곡선이 많은 그림에는 수치를 낮게 설정하여 작업하고, 간단하며 단순한 선으로 이루어진 그림은 수치를 높여 작업하면 좋습니다.

※ 다른 세부적인 옵션들을 살펴보고 테스트하면서 자신만의 브러시를 만들어 보기 바랍니다.

예제4 시바견 루이
명암과 아이템을 이용하여 무너지는 마음을 표현한 '폭망' 이모티콘 만들기

예제 파일 다운로드 https://bjpublic.tistory.com/395

이번에 작업할 예제는 '시바견 루이의 폭망 이모티콘'입니다. 대화를 하다 보면 충격적인 이야기를 듣거나 절망스러운, 혹은 무언가를 망친 이야기를 하게 될 때가 있습니다. 그럴 때 이모티콘을 활용하면 상황을 너무 심각하지 않게 표현할 수 있습니다. 폭망 이모티콘은 그런 상황에 사용되는 이모티콘입니다. 표정과 포즈로만 메시지를 표현할 수도 있겠지만 캐릭터의 얼굴에 명암을 넣거나 메시지에 적합한 아이템을 더해 주면 이모티콘을 한층 풍부하게 만들어 줄 수 있습니다.

❶ 스케치

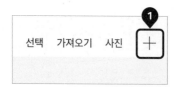

사각형	sRGB	2048 × 2048px
4K	sRGB	4096 × 1714px
A4	sRGB	210 × 297mm
4 × 6 사진	sRGB	6" × 4"
종이	❷RGB	11" × 8.5"
이모티콘(1000)	sRGB	1000 × 1000px
2000	sRGB	2000 × 2000px

❶ 프로크리에이트의 메인 화면에서 '+' 아이콘을 터치합니다.

❷ 기존에 있는 프리셋에서 1000×1000px 크기의 캔버스를 선택합니다.

아이패드 프로크리에이트로 캐릭터 이모티콘 만들기

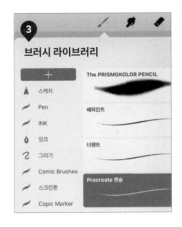

❸ 브러시 아이콘을 터치하여 원하는 브러시를 선택합니다.

❹ 색상 팔레트를 열어 원하는 색을 선택합니다.

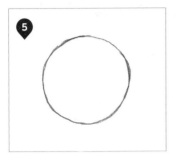

❺ 원을 그립니다.

❻ 원의 좌우 끝을 각지게 만듭니다.

❼ 원의 상단 양쪽으로 귀를 그립니다.

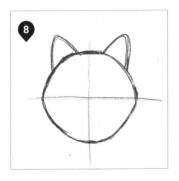
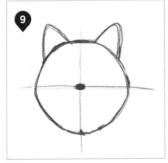
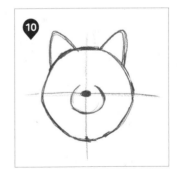

❽ 얼굴의 구도를 잡기 위해 가로 세로 선을 그립니다.

❾ 가로선과 세로선이 만나는 부분에 코를 그립니다.

❿ 코 주변으로 주둥이를 그립니다.

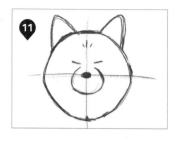 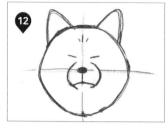 

⓫ 무표정한 루이의 눈과 이마 주름을 그립니다.

⓬ 앙다문 입을 그려주고 입과 코를 이어주는 선을 그립니다.

⓭ 차렷 자세의 팔과 몸을 그립니다.

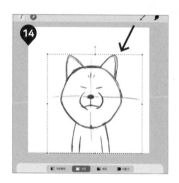  

⓮ 왼쪽 상단에 있는 화살표 모양의 이동과 변형 아이콘을 터치하여 루이의 몸을 캔버스 가장 아랫부분에 닿게 옮깁니다.

⓯ 루이 주변으로 크고 작은 돌덩이들을 그립니다. 그중 하나는 이마에 맞고 튕겨 나가는 모습으로 그립니다.

⓰ 돌이 떨어지는 방향을 보여주는 선을 그립니다.

⓱ 루이의 무늬를 그립니다. 루이는 얼굴 부분만 무늬가 있고 몸은 한 가지 색으로 통일되어 있습니다.

⓲ 색을 칠할 부분에 살짝 빗금을 그어 표시합니다.

⓳ 귓속 부분을 그립니다.

아이패드 프로크리에이트로 캐릭터 이모티콘 만들기

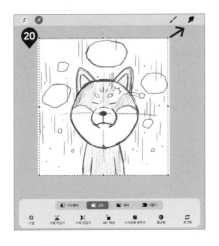

⓴ 이동 및 변형 툴을 이용하여 캔버스에 알맞게 크기를 변경하고 마무리합니다.

② 채색

❶ 레이어 창을 열어 '+' 아이콘을 터치하여 새 레이어를 만듭니다.

❷ 스케치, 라인으로 레이어 이름을 바꿔 정리합니다. 이름을 바꿀 레이어를 터치하여 나타나는 세부 메뉴에서 '이름 변경'을 선택하면 바꿀 수 있습니다.

❸ 브러시 창을 열어 라인 작업을 할 브러시를 선택합니다.

④ 색상 팔레트를 열어 원하는 색을 선택합니다.

⑤ 브러시 굵기를 원하는 대로 조절합니다.

브러시 크기 8%

⑥ '스케치' 레이어에 그려진 밑그림을 따라 외곽선을 '라인' 레이어에 그립니다. '스케치' 레이어에 바로 라인을 그리지 않도록 주의합니다.

레이어

라인 ⑦ N ☑

채색 N ☑

스케치 N ☑

⑦ 레이어 창을 열어 '+' 아이콘을 터치하여 새로운 레이어를 만든 후 '채색'으로 이름을 수정하고 '라인' 레이어 아래로 옮깁니다.

아이패드 프로크리에이트로 캐릭터 이모티콘 만들기

❽ 레이어 창의 가장 아래에 있는 '배경 색상' 레이어의 체크를 해제하여 보이지 않게 만듭니다.

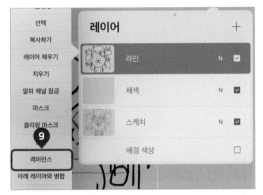

❾ '라인' 레이어의 섬네일을 터치하여 세부 메뉴를 불러온 후 '레퍼런스'를 선택합니다.

❿ 색상 팔레트를 열어 루이 몸의 색인 주황색을 고릅니다.

⓫ 레이어 창을 열어 '채색' 레이어를 선택합니다.

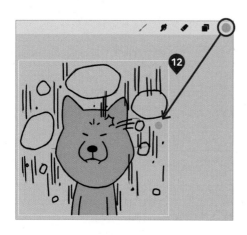

⑫ 색을 드래그하여 루이의 얼굴과 몸을 채웁니다.

⑬ 색을 바꿔 바위와 돌맹이의 색을 채웁니다.

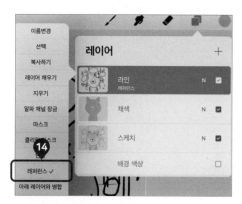

⑭ 색을 다 채웠다면 '라인' 레이어의 '레퍼런스' 옵션을 해제
합니다.

⑮ '스케치' 레이어를 가장 위로 옮깁니다.

아이패드 프로크리에이트로 캐릭터 이모티콘 만들기

⑯ 색상 팔레트를 열어 흰색을 고릅니다.

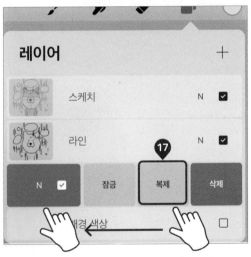

⑰ 레이어 창을 열어 채색 레이어를 우→좌로 쓸어 넘겨 '복제'를 선택합니다.

⑱ 복제된 채색 레이어 섬네일을 터치하여 세부 메뉴 중에 '클리핑 마스크'를 선택합니다. 레이어 앞에 작은 화살표가 생긴 것을 확인할 수 있습니다.

이제 루이의 무늬 부분을 채색하겠습니다.

⑲ 스케치 레이어를 참고하여 루이 얼굴의 흰색 부분 경계를 그려 줍니다.

⑳ 무늬가 칠해질 영역을 그려줬다면 색을 드래그하여 무늬 부분을 채웁니다.

㉑ 색상 팔레트에서 색을 바꿔 귓속 부분을 그린 후 색을 드래그하여 채워 줍니다.

㉒ 색상 팔레트를 열어 루이 이마에 채색할 붉은색을 고릅니다.

㉓ 이마에 돌을 맞는 부분에 채색합니다.

㉔ 레이어 창을 열어 '스케치' 레이어는 비활성화하고 '배경 색 상'은 활성화합니다.

㉕ 왼쪽 상단 리본 모양의 선택 아이콘을 터치합니다.

더욱 실감나는 분위기를 표현하기 위해 채색된 부분에 명암을 넣겠습니다. 분위기가 어두운 이모티콘이기 때문에 얼굴에 그늘을 그려주겠습니다. 해가 캐릭터 뒤에서 비춰 온다면 캐릭터의 전면은 그늘이 생길 것입니다. 하지만 캐릭터의 경계는 뒤에서 비추는 빛의 영향으로 그늘이 생기지 않기 때문에 그것을 감안하여 영역을 지정합니다.

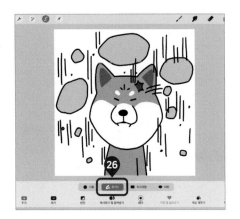

㉖ 하단의 세부 메뉴에서 '올가미'를 선택합니다.

㉗ 어둡게 만들 영역을 그립니다.

㉘ 한 번에 그리기가 힘들다면 아래의 '추가', '제거' 옵션을 통해 영역을 추가하거나 뺄 수도 있으니 기능을 이용하여 영역을 그려주기 바랍니다.

아이패드 프로크리에이트로 캐릭터 이모티콘 만들기

㉙ '추가'를 선택하여 바위와 돌멩이의 아랫부분 역시 선택해 줍니다. 하나의 영역을 그릴 때마다 '추가'를 터치해야 합니다.

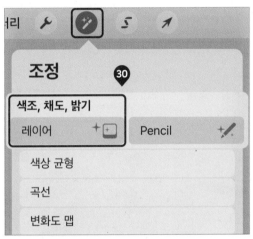

㉚ 영역 선택이 끝났다면 왼쪽 상단의 마술봉 아이콘을 터치하여 '조정' 메뉴를 열어 '색조, 채도, 밝기' 옵션을 터치한 후 레이어를 선택합니다.

㉛ '밝기' 부분의 수치를 낮춰 어둡게 만들어 줍니다. 슬라이더를 좌우로 조절하며 원하는 수치를 찾길 바랍니다.

'폭망' 이모티콘이 완성되었습니다.

이번에 작업할 예제는 '샴고양이 미쉘의 감동 이모티콘'입니다. 감사, 사랑, 화남, 신남 등 감정에 충실한 이모티콘들은 대화 중에 많이 쓰입니다. 감동 이모티콘은 그런 기본 이모티콘 중의 하나입니다. 굳이 분류를 하기 위해 감동 이모티콘이라고 표현했지만 사실 텍스트가 없는 이모티콘은 대화 상황에 따라 다양한 의미를 표현할 수 있습니다. 텍스트가 없는 이모티콘의 장점 중 하나입니다. 감동한 얼굴 주변으로 반짝반짝 별빛 효과를 추가하여 표현하고자 하는 감정을 더욱 풍부하게 만들어 보겠습니다.

❶ 스케치

❶ 프로크리에이트의 메인 화면에서 '+' 아이콘을 터치합니다.

❷ 기존에 있는 프리셋에서 1000×1000px 크기의 캔버스를 선택합니다.

❸ 브러시 아이콘을 터치하여 원하는 브러시를 선택합니다.

❹ 색상 팔레트를 열어 원하는 색을 선택합니다.

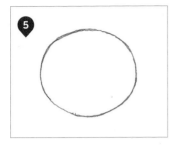 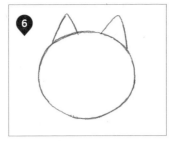 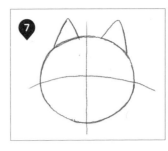

5 원을 그립니다.

6 원의 상단에 양쪽 귀를 그립니다.

7 얼굴의 구도를 잡기 위해 가로 세로 선을 그려 줍니다. 고개를 살짝 들고 있는 모습으로 그릴 예정이기 때문에 가로선을 12시 방향으로 휘어지게 그립니다.

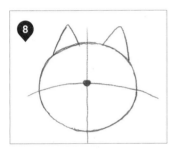 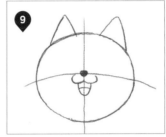 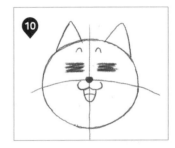

8 가로선과 세로선이 만나는 부분에 코를 그립니다.

9 코 주변으로 주둥이를 그립니다. 웃고 있는 표정으로 그리기 위해 입을 벌리고 있는 모습으로 그립니다.

10 눈썹과 눈을 그립니다.

11 두 손을 모으고 있는 양팔을 그립니다.

12 입 주변과 팔에 무늬를 그립니다.

13 귓속과 볼터치를 그립니다.

⑭ 눈 속에 반짝거리는 빛 반사 효과를 그립니다.

⑮ 캐릭터 주변으로 반짝반짝 별빛 아이템을 그립니다.

⑯ 이동 및 변형 툴을 이용하여 캔버스에 알맞게 크기를 변경하고 마무리합니다.

❷ 채색

❶ 레이어 창을 열어 '+' 아이콘을 터치하여 새 레이어를 만듭니다.

❷ 스케치, 라인으로 레이어 이름을 바꿔 정리합니다. 이름을 바꿀 레이어를 터치하여 나타나는 세부 메뉴에서 이름 변경을 선택하면 바꿀 수 있습니다.

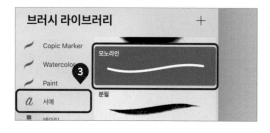

❸ 브러시 창을 열어 라인 작업을 할 브러시를 선택합니다.

아이패드 프로크리에이트로 캐릭터 이모티콘 만들기

④ 색상 팔레트를 열어 원하는
색을 선택합니다.

⑤ 브러시 굵기를 원하는 대로
조절합니다.

⑥ '스케치' 레이어에 그려진 밑그림을 따라 외곽선을
'라인' 레이어에 그립니다. 스케치 레이어에 바로 라
인을 그리지 않도록 주의합니다.

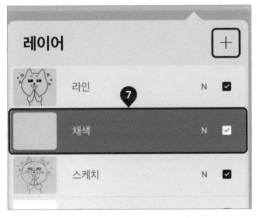

⑦ 레이어 창을 열어 '+' 아이콘을 터치하여 새로운 레
이어를 만든 후 '채색'으로 이름을 수정하고 '라인'
레이어 아래로 옮깁니다.

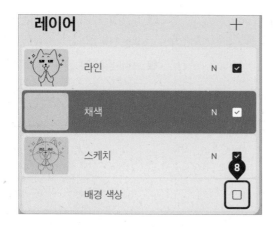

❽ 레이어 창의 가장 아래에 있는 '배경 색상' 레이어의 체크를 해제하여 보이지 않게 만듭니다.

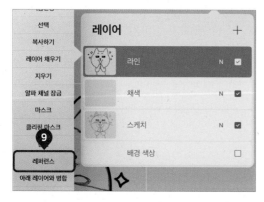

❾ '라인' 레이어의 섬네일을 터치하여 세부 메뉴를 불러온 후 '레퍼런스'를 선택합니다.

❿ 색상 팔레트를 열어 미쉘의 몸을 채색할 흰색을 선택합니다.

⓫ 레이어 창을 열어 채색 레이어를 선택합니다.

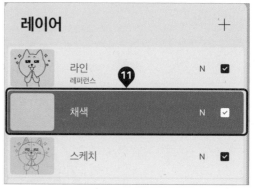

아이패드 프로크리에이트로 캐릭터 이모티콘 만들기

⑫ 색을 드래그하여 미쉘의 얼굴과 몸을 채웁니다.

⑬ 색을 바꿔 별빛 아이템을 채색합니다.

⑭ 색을 다 채웠다면 '라인' 레이어의 '레퍼런스' 옵션을 해제합니다.

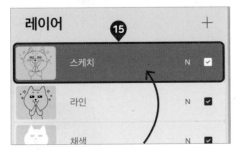

⑮ 스케치 레이어를 가장 위로 옮깁니다.

⑯ 색상 팔레트를 열어 미쉘의 무늬 색을 고릅니다.

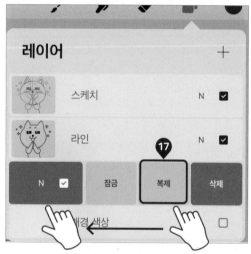

⑰ 레이어 창을 열어 채색 레이어를 우→좌로 쓸어 넘겨 복제를 터치합니다.

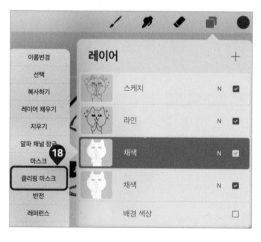

⑱ 복제된 채색 레이어의 세부 메뉴를 열어 '클리핑 마스크'를 선택합니다. 클리핑 마스크가 선택된 레이어 앞에 작은 화살표가 생긴 것을 확인할 수 있습니다.

아이패드 프로크리에이트로 캐릭터 이모티콘 만들기

이제 미쉘의 무늬 부분을 채색하겠습니다.

⑲ '스케치' 레이어를 참고하여 미쉘 얼굴의 입 주변으로 갈색의 원을 그립니다. 귀와 팔의 무늬도 그려 줍니다.

⑳ 무늬가 칠해질 영역을 그려줬다면 색을 드래그하여 무늬 부분을 채웁니다.

㉑ 색상 팔레트에서 색을 바꿔 귓속 부분을 그린 후 색을 드래그하여 채워 줍니다.

㉒ 색을 바꿔 입 속을 채웁니다.

㉓ 볼터치와 혀를 채색합니다.

㉔ 레이어 창을 열어 '스케치' 레이어를 비활성화합니다.

　아이패드 프로크리에이트로 캐릭터 이모티콘 만들기

별빛 아이템을 좀 더 반짝거리는 느낌으로 만들기 위해 라인 색을 검정색이 아닌 다른 색으로 바꿔보겠습니다. '알파 채널 잠금' 기능을 이용하여 변경하겠습니다.

㉕ 레이어 창을 열어 '라인' 레이어를 선택합니다.

㉖ 왼쪽 상단의 선택 아이콘을 터치하여 '올가미' 옵션을 선택합니다.

㉗ 별빛 아이템을 선택해 줍니다. 추가 옵션을 이용하여 모든 별빛 아이템을 선택합니다.

❷❽ 색상 팔레트를 열어 별빛 아이템의 색보다 조금 더 진한 노란 색을 고릅니다.

❷❾ 레이어 창을 열어 '라인' 레이어를 터치하여 세부 메뉴에서 '알파 채널 잠금'을 선택합니다. 레이어의 섬네일이 체크 무늬 배경으로 바뀐 것을 확인할 수 있습니다.

❸⓪ '알파 채널 잠금'이 활성화된 상태에서 다시 '라인' 레이어를 터치하여 세부 메뉴에서 '레이어 채우기'를 선택합니다. 라인 색이 바뀌는 것을 확인할 수 있습니다. 검은 테두리보다 노란 테두리가 더 반짝여 보입니다.

반짝반짝 별빛 아이템을 이용한 '감동' 이모티콘이 완성되었습니다.

아이패드 프로크리에이트로 캐릭터 이모티콘 만들기

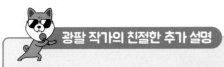

파일을 모아 폴더처럼 관리하는 스택 기능

프로크리에이트에서 캔버스를 만들어 그림을 그리다 보면 점점 늘어나는 파일들을 정리해야 하는 시점이 옵니다. 같은 종류의 그림들을 모아 정리를 하면 파일 관리도 편하고 능률도 오릅니다. 그런 상황에 이용할 수 있는 '스택' 기능을 소개하겠습니다.

◆ 스택

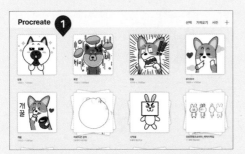

❶ 프로크리에이트를 실행시키면 보이는 홈 화면입니다. 여러 파일이 보입니다. 그중에서 이모티콘 예제로 만든 파일들을 모아 정리하겠습니다.

❸ 파일 이름 좌측에 빈 동그라미 아이콘들이 생겼습니다.

❺ 선택을 한 후 다시 오른쪽 상단의 메뉴를 보면 '스택'이라는 메뉴가 활성화되어 있는 것을 볼 수 있습니다.

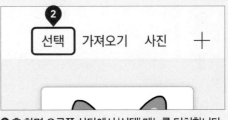

❷ 홈 화면 오른쪽 상단에서 '선택' 메뉴를 터치합니다.

❹ 한 곳으로 모을 파일들을 터치하여 선택합니다.

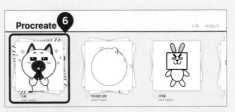

❻ 스택을 터치하면 선택했던 파일들이 '스택'이란 이름의 폴더로 만들어집니다.

❼ 오른쪽 상단의 'X'를 터치하여 종료합니다.

❾ 폴더 내부의 파일들이 보입니다. 왼쪽 상단의 폴더 이름을 터치하면 다시 홈 화면으로 돌아갑니다.

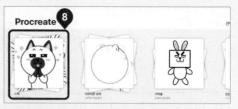

❽ 만들어진 스택 폴더를 터치합니다.

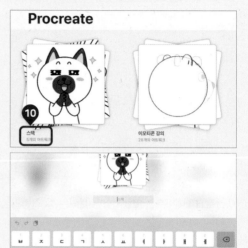

❿ '스택'이라고 적혀 있는 부분을 터치하면 스택의 이름을 바꿀 수 있습니다.

만들어진 스택에 새로운 파일을 추가하거나 스택 안에 있는 파일을 밖으로 분리하는 방법을 설명하겠습니다.

[스택에 파일 추가]

파일 추가 방법은 기존에 설명했던 상단의 스택 메뉴를 이용한 방법과 개별 파일을 드래그하여 추가하는 방법이 있습니다. 드래그하여 추가하는 방법은 다음과 같습니다.

❶ 추가하려는 파일을 길게 터치하면 옮길 수 있습니다.

❷ 길게 터치한 상태로 드래그를 하여 원하는 스택 위에 겹친 상태로 있으면

❸ 스택이 열리면서 내부로 들어가게 됩니다.

❹ 그때 손을 떼면 파일이 합쳐지게 됩니다.

[스택에서 파일 분리]

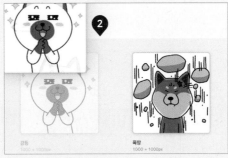

❶ 스택 내에서 분리할 파일을 길게 터치합니다.

❷ 드래그하여 왼쪽 상단의 스택 이름 부분에 파일을 올린 채로 기다리면

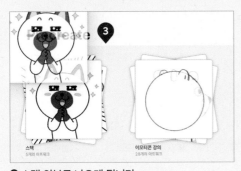

❸ 스택 외부로 나오게 됩니다.

❹ 그때 손을 떼면 파일이 분리됩니다.

이모티콘의 초창기에는 멈춰 있는 이모티콘만 판매가 되었습니다. 스마트폰의 성능이 점점 발전함에 따라 주고받을 수 있는 이모티콘의 파일 용량도 증가하였습니다. 용량이 증가한 결과로 한 장의 그림이 아닌 여러 장의 그림을 이용하여 만드는 움직이는 이모티콘도 판매할 수 있게 되었습니다. 프로크리에이트 앱이 처음 출시되었을 당시에는 멈춰 있는 이모티콘만을 제작할 수 있었지만 5.0 버전 업데이트 이후 애니메이션 기능이 추가되면서 움직이는 이모티콘도 제작할 수 있게 되었습니다. 현재 대다수의 플랫폼에서는 움직이는 이모티콘을 판매하고 있습니다. 플랫폼에 따라 세부적인 기준은 조금씩 다른 부분이 있기 때문에 간단히 알아보겠습니다.

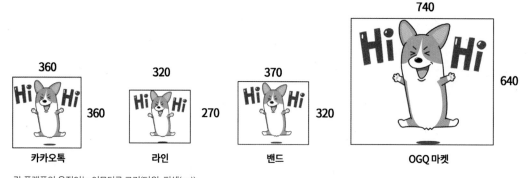

각 플랫폼의 움직이는 이모티콘 크기(단위: 픽셀(px))

플랫폼별 가이드

① 카카오톡

카카오톡의 움직이는 이모티콘은 두 가지가 있습니다. 멈춰 있는 이모티콘과 같은 사이즈(360×360)의 움직이는 이모티콘, 그리고 큰 이모티콘입니다. 움직이는 이모티콘과 큰 이모티콘은 사이즈를 제외하면 모든 작업 방식이 동일하기 때문에 이 책에서는 움직이는 이모티콘 제작 방법을 기준으로 설명하겠습니다. 이모티콘 1개의 파일 용량은 2MB로 제한되어 있으며 24프레임 이하의 파일로 제작해야 합니다.

카카오 시안 가이드

여기서 24프레임 이하라는 말은 움직이는 이모티콘 1개 제작 시 이미지를 24개 이하로 만들어야 한다는 뜻입니다. 이모티콘 심사를 위해 시안을 제출할 때는 배경이 흰색인 GIF 파일로 제출합니다. 시안이 통과되어 이모티콘 출시를 위해 제작을 할 때는 카카오에서 배포한 WebpAnimator를 이용하여 배경이 투명한 Webp 파일로 제작합니다.

② 라인

라인 스티커의 경우 애니메이션 스티커는 멈춰 있는 스티커처럼 캐릭터 주변으로 10px의 여유 공간이 필요하진 않지만 가로 비율인 스티커는 가로 최대 320px로 작업 후 세로 부분의 여백을 잘라줘야 합니다. 마찬가지로 세로 비율인 스티커는 세로 최대 270px로 작업 후 가로 부분의 여백을 잘라줘야 합니다.
애니메이션 스티커의 전체 재생 시간(각 재생 시간×반복 횟수)은 최대 4초입니다. 전체 재생 시간이 4초를 넘을 경우 반복 횟수를 조정합니다. 애니메이션 스티커 1개 제작 시 사용되는 이미지는 최소 5개에서 최대 20개이며 애니메이션 스티커 파일 1개의 크기는 300KB를 넘어서는 안 됩니다.

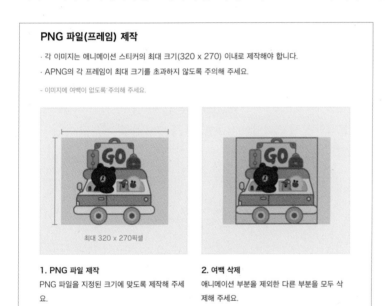

라인 가이드

③ 네이버 밴드

밴드 스티커의 경우 캔버스 사이즈는 라인과 동일한 370×320이지만 여유 공간을 두거나 여백을 잘라줄 필요는 없습니다. 다만 애니메이션 스티커의 첫 프레임이 정지 상태, 혹은 스티커샵에서 표시되는 대표 이미지가 되기 때문에 정지 이미지가 첫 프레임에 위치하여야 합니다.

애니메이션 스티커 테스트 컷 제작 가이드

총 8컷	멈춰있는 PNG 이미지 5컷
	움직이는 GIF 이미지 3컷

* 이미지 사이즈는 최대 370 x 320(px) 입니다.
* 해상도는 72dpi, 컬러모드는 RGB를 권장합니다.
* GIF 이미지는 재생이 계속 반복 되도록 제작해주세요

심사용 제작 가이드 ↓

밴드 가이드

애니메이션 검수를 위해 GIF 애니메이션 루프를 계속 반복되도록 설정합니다. 시안 제출 시에는 GIF로 만들지만 시안 통과 후 실제 이모티콘 제작은 APNG 파일로 완성합니다.

❹ 네이버 OGQ마켓

OGQ마켓의 애니메이션 스티커는 다른 이모티콘들과는 다르게 740×640 사이즈로 크게 제작합니다. 파일은 GIF로 제작하지만 배경은 흰색이 아닌 투명하게 만들어야 합니다. 각 파일의 용량은 1MB 이하여야 합니다. 애니메이션 스티커의 재생 시간은 최대 3초(100 프레임)이며 그 안에서 반복 횟수는 제한이 없습니다. 애니메이션 스티커의 첫 번째 프레임은 각 스티커의 섬네일로 사용되며 한 번 재생된 이후에는 마지막 프레임이 정지 상태로 계속 보여집니다.

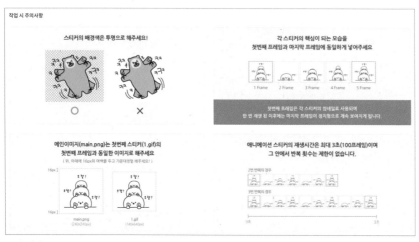

OGQ 가이드

각각의 플랫폼 기준에 맞춰 움직이는 이모티콘(애니메이션 스티커)을 제작합니다.

아이패드 프로크리에이트로 캐릭터 이모티콘 만들기

애니메이션 어시스트

프로크리에이트는 애니메이션 어시스트 기능을 이용하여 애니메이션 작업을 할 수 있습니다. 애니메이션 전문 프로그램처럼 많은 기능이 있는 것은 아니지만 이모티콘을 만들기에 부족하진 않습니다. 휴대성이 좋은 아이패드를 이용하여 장소에 구애받지 않고 움직이는 이모티콘을 만들 수 있다는 것이 가장 큰 장점입니다. 애니메이션 어시스트를 활성화하여 어떤 기능들이 있는지 알아보겠습니다.

❶ 왼쪽 상단의 공구 모양 아이콘을 터치하여 '동작' 메뉴를 엽니다.

❷ '캔버스' 메뉴를 터치합니다.

❸ 애니메이션 어시스트를 활성화합니다.

❹ 화면 하단에 애니메이션 어시스트 창이 나타납니다.

❶ 재생

'재생'은 작업된 애니메이션을 재생할 수 있습니다. 프레임을 추가하여 원하는 움직임을 만들고 난 후 재생을 터치하면 프레임 순서대로 캔버스에서 재생이 되며 움직임을 확인할 수 있습니다.

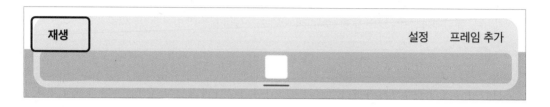

❷ 설정

애니메이션 어시스트 창의 오른쪽 상단에 있는 설정을 터치하여 세부 기능을 알아보겠습니다.

❶ 루프는 첫 프레임부터 마지막 프레임까지 재생이 된 후 다시 첫 프레임으로 돌아가 반복 재생됩니다. 수동으로 멈추기 전까지 계속 재생됩니다. 이모티콘 작업에 가장 일반적으로 사용되는 방식입니다.

❷ 핑퐁은 첫 프레임부터 마지막 프레임까지 재생이 된 후 다시 첫 프레임으로 돌아가는 것이 아닌 역순으로 재생이 되어 첫 프레임으로 돌아갑니다. 루프와 마찬가지로 수동으로 멈추기 전까지 계속 재생됩니다.

❸ 원샷은 재생을 터치하여 애니메이션을 확인할 때 첫 프레임부터 마지막 프레임까지 한 번 재생됩니다.

❹ 초당 프레임(FPS)이란 1초에 보여지는 장면의 수를 말합니다. 영어로는 Frame Per Second이며 약자로 FPS라고 표기합니다. 즉, 1초에 몇 장의 그림을 보여주는지 나타내는 단위입니다. 이모티콘에서는 보통 10~20 사이의 fps를 사용합니다. 숫자가 낮을수록 속도가 느려지며 높아질수록 속도가 빨라집니다. 1초당 보여지는 그림이 적을수록 파일의 용량은 작지만 움직임이 부드럽지 못하고 끊길 수 있으며 그림의 수가 많아질수록 움직임은 빠르고 자연스러워지지만 용량이 커질 수 있습니다.

❺ 어니언 스킨 프레임은 지금 그림을 그리고 있는 프레임

아이패드 프로크리에이트로 캐릭터 이모티콘 만들기

외에 앞이나 뒤, 혹은 다른 프레임의 그림까지 한꺼번에 볼 수 있게 해 주는 기능입니다. 양파처럼 한겹 한겹 투명하게 볼 수 있다고 해서 이런 이름을 붙인 듯 합니다. 숫자 0은 다른 프레임이 전혀 보이지 않고 1은 앞뒤로 1프레임씩 보입니다. 숫자가 높아지면 높아질수록 함께 볼 수 있는 프레임의 수는 많아지지만 너무 복잡하게 보일 수 있으니 적절한 숫자를 선택하여 작업하는 것을 추천합니다. 저자는 1로 선택하여 앞뒤의 그림을 보면서 작업을 하며 중간에 숫자를 높여 전체 움직임을 확인합니다.

❻ 양파 껍질 불투명도는 5번에서 알아보았던 '어니언 스킨 프레임'의 투명도를 조절하는 기능입니다. 기본 60%로 설정되어 있으며 너무 진하거나 흐리지 않도록 적절한 수치로 조절하여 사용하기 바랍니다.

❼ 주 프레임 혼합과 보조 프레임 채색은 어니언 스킨 프레임의 선을 구별하기 쉽게 해 주는 옵션입니다. 먼저 보조 프레임 채색 옵션을 활성화하면 현재 그림을 그리고 있는 프레임의 이전 프레임은 붉은색으로, 이후 프레임은 녹색으로 표시가 됩니다. 색을 다르게 함으로써 좀 더 확실히 구분이 되는 효과가 있습니다. 보조 프레임 채색 옵션을 활성화한 상태에서 주 프레임 혼합을 활성화하면 현재 프레임의 그림도 녹색으로 변합니다.

보조 프레임 채색 옵션을 활성화

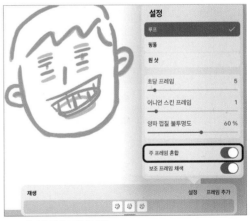

주 프레임 혼합 옵션을 활성화

❸ 프레임 추가

현재 선택되어 있는 프레임 오른쪽으로 새로운 프레임이 생성됩니다.

❹ 프레임 옵션

프레임을 한 번 더 터치하면 프레임 옵션이 활성화됩니다.

❶ 유지 지속시간은 해당 프레임의 플레이 시간을 길게 만들어 주고 싶을 때 같은 그림을 복사할 필요 없이 유지 지속시간을 늘려주면 됩니다. 늘려준 시간만큼 해당 프레임이 계속 보여지기 때문에 움직임의 타이밍 조절에 유용합니다.

❷ 복제는 해당 프레임을 복사하여 추가로 만들어 줍니다.

❸ 삭제는 해당 프레임을 삭제합니다.

❹ 전경은 해당 그림을 가장 위의 레이어로 보여지게 하는 옵션입니다. 움직이는 그림을 제작할 때 움직이지 않는 어떤 물체 뒤로 캐릭터가 움직이게 만들어야 하는 경우가 있습니다. 움직일 필요가 없고 가장 앞에 보여야 하는 그림에 전경 옵션을 활성화하면 움직이는 그림의 프레임이 늘어나더라도 항상 제일 위에 위치하여 모든 프레임에 보입니다.

❺ 배경은 움직이지 않고 가장 뒤에 위치하는 그림을 말합니다. 활성화하면 모든 프레임에서 배경으로 지정된 그림이 보입니다. 전경과 배경으로 활성화된 프레임은 해당 프레임만 수정하면 모든 프레임에 적용되어 보입니다.

지금까지 애니메이션 어시스트의 기능을 설명하였습니다. 이제 예제를 이용하여 움직이는 이모티콘을 만들어 보겠습니다. 저자는 광복이, 루이, 미쉘 등을 이용하여 설명을 합니다. 만약 따라 그리기 어렵다면 간단한 캐릭터를 만들어 실습하기 바랍니다.

예제 파일 다운로드   https://bjpublic.tistory.com/395

이번에는 간단한 움직임을 통해 애니메이션 어시스트의 작업 과정과 움직이는 이모티콘 제작 원리를 배워보겠습니다.

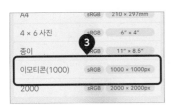

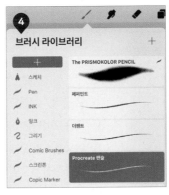

❶ 프로크리에이트의 메인 화면에서 '+' 아이콘을 터치합니다.

❷ 기존에 있는 프리셋과 함께 만들었던 적이 있는 캔버스 사이즈는 설정이 저장되어 있습니다.

❸ 1000×1000px 크기의 캔버스를 선택하여 새 캔버스를 만듭니다.

❹ 브러시 아이콘을 터치하여 원하는 브러시를 선택합니다.

❺ 색상 팔레트를 열어 원하는 색을 선택합니다.

❻ 왼쪽 상단의 동작 아이콘을 터치합니다.

❼ 캔버스 옵션을 선택하고 애니메이션 어시스트를 활성화
합니다.

❽ 애니메이션 어시스트의 '설정' 옵션을 터치합니다.

❾ '루프'를 선택합니다. 각각의 옵션에서 파란색 점을 좌우
로 옮겨 수치를 조절합니다.

❿ 초당 프레임은 '5'로 합니다.

⓫ 어니언 스킨 프레임은 '1'로 합니다.

⓬ 양파 껍질 불투명도는 '60%'로 합니다.

⓭ 보조 프레임 채색을 활성화합니다.

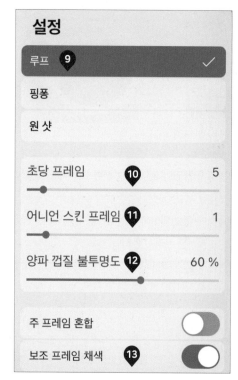

아이패드 프로크리에이트로 캐릭터 이모티콘 만들기

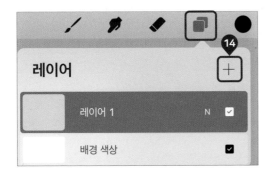

⓮ 오른쪽 상단의 레이어 아이콘을 터치합니다. 우측의 '+' 아이콘을 터치하여 새 레이어를 추가합니다.

⓯ 새 레이어 아래의 레이어를 좌→우로 쓸어 넘겨 함께 선택합니다.

⓰ 우측 상단의 '그룹'을 터치하여 두 레이어를 그룹짓습니다. 폴더가 생성되며 두 개의 레이어가 폴더 속으로 들어갑니다.

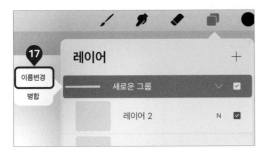

⓱ 폴더 이름을 '01'로 변경합니다.

⑱ 폴더 속 가장 아래 레이어 이름을 '스케치'로 바꾸고 정면을 보고 있는 상반신의 웰시코기 이광복 씨를 그립니다.

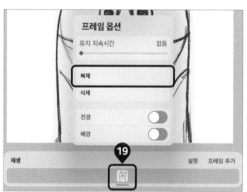

⑲ 애니메이션 어시스트 창에서 1번 프레임을 터치하여 옵션에서 '복제'를 선택합니다.

⑳ 레이어 창을 열어 복제된 폴더의 이름을 '02'로 변경합니다.

아이패드 프로크리에이트로 캐릭터 이모티콘 만들기

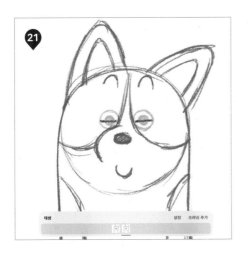

㉑ '02' 폴더의 스케치 레이어에 그려져 있는 눈을 지우고, 어니언 스킨 기능으로 보여지는 1프레임의 눈 위치를 참고하여 감고 있는 눈을 그립니다.

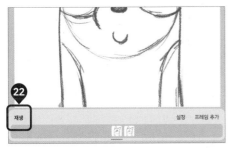

㉒ 애니메이션 어시스트 창에서 '재생'을 터치해서 귀여운 광복이가 눈을 깜박이는지 확인합니다.

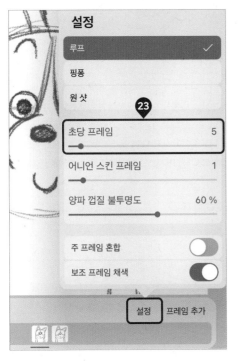

㉓ 움직임이 느리거나 빠르다면 '설정'을 터치한 후 초당 프레임의 수치를 이용하여 움직임의 속도를 조절합니다. 재생 중에도 조절할 수 있습니다.

스케치 상태에서 전체 움직임을 완성하였다면 멈춰 있는 이모티콘과 같은 작업 방식으로 폴더 안에 라인과 채색 레이어를 추가하여 이모티콘을 완성합니다.

가볍게 움직이는 예제를 그려봤습니다. 루프는 이모티콘의 기본 옵션입니다. 첫 프레임부터 마지막 프레임까지 재생된 후 다시 첫 프레임으로 돌아가는 루프 방식을 이용하여 재밌는 이모티콘을 기획하길 바랍니다.

 광팔 작가의 한 마디

스케치를 그리기 전에 폴더를 만드는 이유는 애니메이션 어시스트에서는 새롭게 만든 레이어가 곧 새로운 프레임이 되기 때문입니다. 멈춰 있는 이모티콘을 작업할 때와 같이 스케치, 라인, 채색 등으로 레이어를 분리하여 작업하면 각 레이어를 프레임으로 인식하여 타임라인이 엉망이 됩니다. 폴더를 미리 만들면 폴더 전체를 한 프레임으로 인식하기 때문에 폴더 내부에 많은 레이어가 포함되어 있어도 애니메이션 어시스트 타임라인에는 영향이 없습니다.

아이패드 프로크리에이트로 캐릭터 이모티콘 만들기

예제 파일 다운로드 https://bjpublic.tistory.com/395

움직이는 이모티콘 작업을 하다 보면 반복적인 움직임의 이모티콘을 만드는 경우가 많습니다. 첫 프레임부터 마지막 프레임까지 순서대로 재생되며 반복되는 '루프'와 첫 프레임에서 마지막 프레임까지 재생된 후 다시 역순으로 첫 프레임으로 돌아가는 '핑퐁' 기능을 적절히 이용한다면 작업의 효율이 올라갈 것 입니다.

이번에는 웰시코기 이광복 씨 캐릭터로 애니메이션 어시스트의 '핑퐁' 기능을 이용하여 손 흔드는 이모티콘을 만들어 보겠습니다.

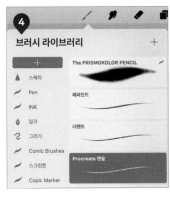

❶ 프로크리에이트의 메인 화면에서 '+' 아이콘을 터치합니다.

❷ 기존에 있는 프리셋과 함께 만들었던 적이 있는 캔버스 사이즈는 설정이 저장되어 있습니다.

❸ 1000×1000px 크기의 캔버스를 선택하여 새 캔버스를 만듭니다.

❹ 브러시 아이콘을 터치하여 원하는 브러시를 선택합니다.

❺ 색상 팔레트를 열어 원하는 색을 선택합니다.

❻ 왼쪽 상단의 동작 아이콘을 터치합니다.

❼ 캔버스 옵션을 선택하고 애니메이션 어시스트를 활성화합니다.

❽ 애니메이션 어시스트의 '설정' 옵션을 터치합니다.

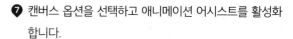

❾ '핑퐁'을 선택합니다. 각각의 옵션에서 파란색 점을 좌우로 옮겨 수치를 조절합니다.

❿ 초당 프레임은 '10'으로 합니다.

⓫ 어니언 스킨 프레임은 '1'로 합니다.

⓬ 양파 껍질 불투명도는 '60%'로 합니다.

⓭ 보조 프레임 채색을 활성화합니다.

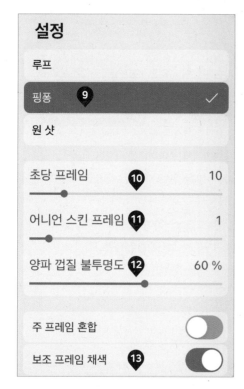

아이패드 프로크리에이트로 캐릭터 이모티콘 만들기

⑭ 오른쪽 상단의 레이어 아이콘을 터치합니다. 우측의 '+' 아이콘을 터치하여 새 레이어를 추가합니다.

⑮ 새 레이어 아래의 레이어를 좌→우로 쓸어 넘겨 함께 선택합니다.

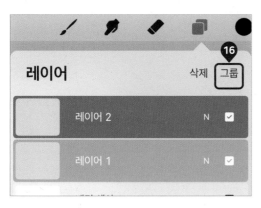

⑯ 우측 상단의 '그룹'을 터치하여 두 레이어를 그룹짓습니다. 폴더가 생성되며 두 개의 레이어가 폴더 속으로 들어갑니다.

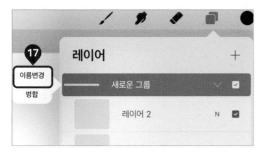

⑰ 폴더 이름을 '01'로 변경합니다.

⑱ 폴더 속 가장 아래 레이어 이름을 '스케치'로 바꾸고 손을 들고 있는 웰시코기 이광복 씨를 그립니다.

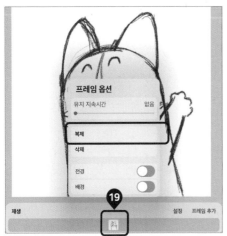

⑲ 애니메이션 어시스트 창에서 1번 프레임을 터치하여 옵션에서 '복제'를 선택합니다.

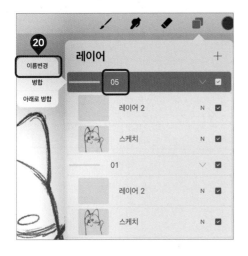

⑳ 레이어 창을 열어 복제된 폴더의 이름을 '05'로 변경합니다.

㉑ '05' 폴더의 스케치 레이어에 그려져 있는 손을 지우고, 어니언 스킨 기능으로 보여지는 1프레임의 손 위치를 참고하여 손을 흔들 때의 도착 지점에 다시 손을 그립니다.

㉒ 애니메이션 어시스트 창에서 1번이 그려진 프레임과 5번이 그려진 프레임을 번갈아 터치하여 움직임이 자연스러운지 확인합니다. 움직임이 자연스럽다면 다시 1번 프레임을 복제합니다.

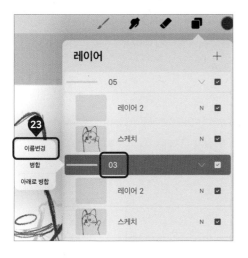

㉓ 레이어 창을 열어 폴더 이름을 '03'으로 변경합니다.

㉔ '03' 폴더 내의 스케치 레이어에서 손을 지웁니다.

㉕ 어니언 스킨 옵션을 통해 보여지는 앞뒤 프레임의 손 위치를 참고하여 중간 위치에 손을 그립니다.

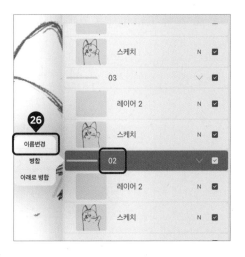

㉖ 같은 방법으로 1번 프레임을 터치하여 '복제'한 후 레이어 창을 열어 복제된 폴더의 이름을 '02'로 변경합니다.

아이패드 프로크리에이트로 캐릭터 이모티콘 만들기

㉗ '02' 폴더 내의 스케치 레이어에서 손을 지우고 어니언 스킨 옵션을 통해 보여지는 앞뒤 프레임의 손 위치를 참고하여 중간 위치에 손을 그립니다.

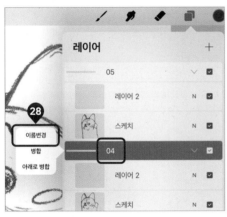

㉘ 3번 프레임을 터치하여 '복제'한 후 레이어 창을 열어 복제된 폴더의 이름을 '04'로 변경합니다.

㉙ '04' 폴더 내의 스케치 레이어에서 손을 지우고 어니언 스킨 옵션을 통해 보여지는 앞뒤 프레임의 손 위치를 참고하여 중간 위치에 손을 그립니다.

손을 흔드는 5장의 그림을 모두 그렸습니다.

㉚ 애니메이션 어시스트의 '재생'을 터치해서 귀여운 광복이가 반갑게 손을 흔들고 있는지 확인합니다.

㉛ 움직임이 느리거나 빠르다면 '설정'을 터치한 후 초당 프레임의 수치를 이용하여 움직임의 속도를 조절합니다. 재생 중에도 조절할 수 있습니다.

움직임이 어색하거나 잘못됐다면 프레임을 하나씩 터치하며 고쳐야 할 프레임을 찾아 스케치를 수정하면 됩니다.

수정까지 마무리되었다면 멈춰 있는 이모티콘을 제작하는 방식과 같이 레이어를 추가하여 라인과 채색 작업을 합니다. 움직이지 않는 부분이 있다면 복사, 붙여넣기 옵션을 활용하여 진행하는 것도 효과적입니다. 프레임별로 폴더를 만들어 두었기 때문에 해당 폴더 안에 레이어를 만들어 작업하면 관리와 수정이 편리합니다.

라인과 채색 작업이 마무리됐다면 다시 애니메이션 어시스트의 '재생'을 터치하여 최종 결과물을 확인합니다.

아이패드 프로크리에이트로 캐릭터 이모티콘 만들기

폴더 안 레이어

최종 완료된 애니메이션 어시스트

 광팔 작가의 친절한 추가 설명

움직이는 이모티콘 GIF 이미지로 내보내기

애니메이션 어시스트를 이용하여 움직이는 이모티콘을 작업했다면 플랫폼이 원하는 형식의 이미지로 만들어야 합니다. 플랫폼에 따라 요구하는 이미지의 형식이 다른 경우도 있지만 시안 단계에서는 GIF 이미지를 원하는 경우가 많습니다. 프로크리에이트에서 GIF 이미지를 만드는 방법에 대해 알아보겠습니다.

애니메이션 어시스트를 이용하여 움직이는 이모티콘을 만들었다면 왼쪽 상단의 ❶ 동작 ▶ ❷ 공유▶움직이는 GIF를 선택합니다.

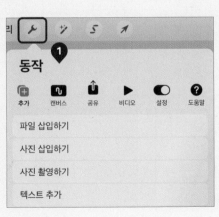

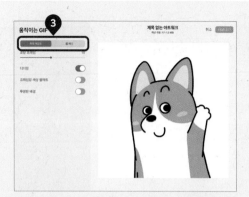

❸ GIF 이미지로 저장할 때 '최대 해상도' 혹은 '웹 레디'로 저장할 수 있습니다. 최대 해상도는 작업했던 원본 사이즈 그대로 저장할 수 있고, 웹 레디는 이미지 품질이 압축되어 작게 웹 이미지로 저장이 됩니다. 이모티콘 제출을 위해서는 원본 사이즈 그대로 출력하는 '최대 해상도'로 저장합니다.

❹ 초당 프레임을 조절하여 움직임의 속도를 확인합니다.

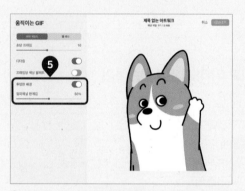

❺ 필요에 따라 '투명한 배경' 옵션을 활성화하여 배경이 투명한 GIF 이미지를 만들 수 있습니다.

❻ '내보내기'를 터치하여 원하는 경로에 이미지를 저장합니다.

아이패드 프로크리에이트로 캐릭터 이모티콘 만들기

예제 파일 다운로드 https://bjpublic.tistory.com/395

움직이는 이모티콘을 만드는 경우 움직임에 따라 프레임의 시간이 달라야 할 때가 있습니다. 예를 들어 마지막 동작 이후 정지된 시간이 길게 유지되어야 할 때가 있고, 자연스러운 동작을 만들기 위해 그림에 따라서 보이는 시간을 다르게 설정하는 경우도 있습니다. 애니메이션 어시스트는 기본적으로 모든 프레임의 시간이 동일하게 설정되어 있습니다. 하지만 프레임에 따라 시간 설정을 다르게 해야 하는 경우를 위해 '유지 지속시간'이라는 옵션이 있습니다. 이번에는 '유지 지속시간' 옵션을 사용하여 샴고양이 미쉘의 움직임을 자연스럽게 만드는 연습을 해 보겠습니다.

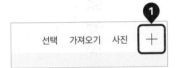

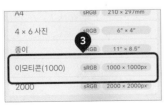

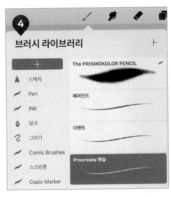

❶ 프로크리에이트의 메인 화면에서 '+' 아이콘을 터치합니다.

❷ 기존에 있는 프리셋과 함께 만들었던 적이 있는 캔버스 사이즈는 설정이 저장되어 있습니다.

❸ 1000×1000px 크기의 캔버스를 선택하여 새 캔버스를 만듭니다.

❹ 브러시 아이콘을 터치하여 원하는 브러시를 선택합니다.

❺ 색상 팔레트를 열어 원하는 색을 선택합니다.

❻ 왼쪽 상단의 동작 아이콘을 터치합니다.

❼ 캔버스 옵션을 선택하고 애니메이션 어시스트를 활성화
합니다.

❽ 애니메이션 어시스트의 '설정' 옵션을 터치합니다.

❾ '루프'를 선택합니다. 파란색 점을 좌우로 옮겨 해당 옵션
의 수치를 조절합니다.

❿ 초당 프레임은 '10'으로 합니다.

⓫ 어니언 스킨 프레임은 '1'로 합니다.

⓬ 양파 껍질 불투명도는 '60%'로 합니다.

⓭ 보조 프레임 채색을 활성화합니다.

아이패드 프로크리에이트로 캐릭터 이모티콘 만들기

⓮ 오른쪽 상단의 레이어 아이콘을 터치합니다. 우측의 '+' 아이콘을 터치하여 새 레이어를 추가합니다.

⓯ 새 레이어 아래의 레이어를 좌→우로 쓸어 넘겨 함께 선택합니다.

⓰ 우측 상단의 '그룹'을 터치하여 두 레이어를 그룹짓습니다. 폴더가 생성되며 두 개의 레이어가 폴더 속으로 들어갑니다.

⓱ 폴더 이름을 '01'로 변경합니다.

⑱ 폴더 속 가장 아래 레이어 이름을 '스케치'로 바꾸고 미쉘의 상반신을 그립니다. 이번 예제에서는 깜짝 놀라는 미쉘의 모습을 만들겠습니다.

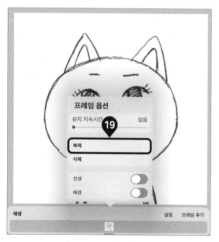

⑲ 애니메이션 어시스트 창에서 1번 프레임을 터치하여 옵션에서 '복제'를 선택합니다.

⑳ 레이어 창을 열어 복제된 폴더의 이름을 '05'로 변경합니다.

아이패드 프로크리에이트로 캐릭터 이모티콘 만들기

㉑ '05' 폴더의 스케치 레이어에 그려져 있는 미쉘을 지우고, 어니언 스킨 기능으로 보여지는 1번 프레임의 미쉘 모습을 참고하여 깜짝 놀란 미쉘의 모습을 그립니다.

㉒ 애니메이션 어시스트 창에서 1번이 그려진 프레임과 5번이 그려진 프레임을 번갈아 터치하여 움직임이 자연스러운지 확인합니다. 움직임이 자연스럽다면 다시 1번 프레임을 복제합니다.

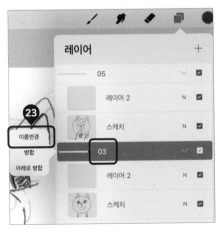

㉓ 레이어 창을 열어 폴더 이름을 '03'으로 변경합니다.

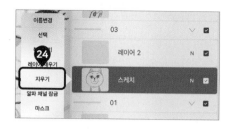 ㉔ '03' 폴더 내 스케치 레이어의 미쉘 모습을 지웁니다.

 ㉕ 어니언 스킨 옵션을 통해 보여지는 앞뒤 프레임의 미쉘을 참고하여 중간 동작을 그립니다.

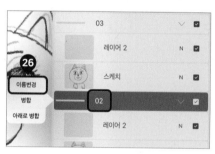 ㉖ 같은 방법으로 1번 프레임을 터치하여 '복제'한 후 레이어 창을 열어 복제된 폴더의 이름을 '02'로 변경합니다.

 ㉗ '02' 폴더 내의 스케치 레이어의 그림을 지우고 1번과 3번 동작의 중간 동작을 그립니다.

아이패드 프로크리에이트로 캐릭터 이모티콘 만들기

㉘ 3번 프레임을 터치하여 '복제'한 후 레이어 창을 열어 복제된 폴더의 이름을 '04'로 변경합니다.

㉙ '04' 폴더 내의 스케치 레이어의 그림을 지우고 3번과 5번 동작의 중간 동작을 그립니다.

깜짝 놀라는 미쉘을 그렸습니다.

㉚ 애니메이션 어시스트 창에서 '재생'을 터치해서 미쉘의 움직임을 확인합니다.

③ 움직임이 느리거나 빠르다면 '설정'을 터치한 후 초당 프레임의 수치를 이용하여 움직임의 속도를 조절합니다. 재생 중에도 조절할 수 있습니다.

재생 설정이 '루프'로 되어 있기 때문에 첫 프레임부터 마지막 프레임까지 재생된 후 다시 처음으로 돌아가 반복 재생됩니다. 같은 속도로 모든 프레임이 재생되기 때문에 놀라는 장면이 효과적으로 표현되지 않습니다. 이제 '유지 지속시간' 옵션을 이용해 완성도를 높여보겠습니다.

③ 먼저 1번 프레임을 터치하여 유지 지속시간의 파란 점을 움직여 '3'으로 시간을 정합니다. 이제 1번 프레임은 전보다 더 길게 보여집니다.

③ 마지막 5번 프레임을 터치하여 유지 지속시간을 '5'로 정합니다.

아이패드 프로크리에이트로 캐릭터 이모티콘 만들기

이제 다시 재생을 터치하여 전체 움직임을 확인합니다. 처음 결과물처럼 모든 프레임의 시간이 동일하게 계속 플레이 되는 상황과 유지 지속시간 옵션을 사용해 필요한 곳에 정지 효과를 적용한 상황을 비교합니다. 유지 지속시간을 사용한 경우가 메시지를 정확히 전달하는 것을 확인할 수 있습니다.

기존 결과물

유지 지속시간을 적용한 결과물

움직임이 어색하거나 잘못됐다면 프레임을 하나씩 터치하며 고쳐야 할 프레임을 찾아 스케치를 수정하면 됩니다.

수정까지 마무리되었다면 멈춰 있는 이모티콘을 제작하는 방식과 같이 레이어를 추가하여 라인과 채색 작업을 합니다. 라인과 채색 작업이 마무리됐다면 다시 애니메이션 어시스트의 '재생'을 터치하여 최종 결과물을 확인합니다.

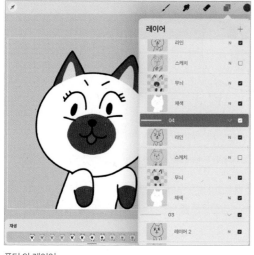

폴더 안 레이어

최종 완료된 애니메이션 어시스트

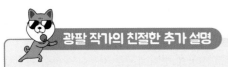
자연스러운 움직임을 위한 프레임 추가 및 제외

움직이는 이모티콘을 제작할 때 머릿속으로 구상했던 동작이 실제 제작했을 땐 생각했던 것과 다르게 보이는 경우가 있습니다. 그럴 때는 프레임과 프레임 사이에 그림을 추가하거나 기존에 그렸던 프레임을 제외함으로써 자연스럽게 만들 수 있습니다. 처음부터 동작을 생각하고 필요한 그림만을 그릴 수도 있지만 아직 움직이는 그림을 그리는 데에 익숙하지 않은 사람들은 기존에 그려진 그림을 제외하거나 또는 추가하여 자연스러운 동작을 만드는 것이 효율적입니다.

움직이는 이모티콘 예제3 으로 설명하겠습니다. 미쉘이 깜짝 놀라는 동작을 5장의 그림으로 표현하였습니다.

깜짝 놀라는 미쉘

5장의 그림 중에 더 빠르고 자연스러운 동작을 만들기 위해 ❷번 그림을 제외하겠습니다. 실제로 그림을 지우는 것이 아닌 레이어 창을 열어 원하는 폴더를 비활성화하면 애니메이션 어시스트 창에서 해당 프레임이 감춰집니다.

레이어 비활성

2번 프레임이 감춰진 애니메이션 어시스트

재생을 하면 ❷번을 제외한 움직임이 5장의 그림일 때보다 빠르고 자연스러워 보입니다. 이런 식으로 모든 프레임을 작업한 후 원하는 부분에 프레임을 제외하거나 추가하는 방식으로 움직임의 속도를 조절할 수 있습니다.

예제 파일 다운로드 https://bjpublic.tistory.com/395

움직이는 이모티콘을 작업할 때 배경은 동일하고 캐릭터만 움직이는 경우, 그리고 벽이나 다른 물체 뒤에서 캐릭터가 움직이는 경우가 있습니다. 모든 프레임에 배경이나 움직이지 않는 물체를 그려야 하는지 고민이 될 수 있습니다. 그럴 경우 '전경', '배경' 옵션을 사용하면 배경이나 움직이지 않는 물체를 프레임마다 그리지 않아도 됩니다. 이번에는 프레임 옵션 중 '전경', '배경'을 이용하여 벽 뒤에서 몰래 지켜보는 루이를 만들어 보겠습니다.

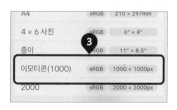

❶ 프로크리에이트의 메인 화면에서 '+' 아이콘을 터치합니다.

❷ 기존에 있는 프리셋과 함께 만들었던 적이 있는 캔버스 사이즈는 설정이 저장되어 있습니다.

❸ 1000×1000px 크기의 캔버스를 선택하여 새 캔버스를 만듭니다.

❹ 브러시 아이콘을 터치하여 원하는 브러시를 선택합니다.

❺ 색상 팔레트를 열어 원하는 색을 선택합니다.

❻ 왼쪽 상단의 동작 아이콘을 터치합니다.

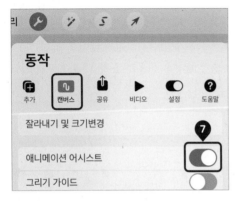

❼ 캔버스 옵션을 선택하고 애니메이션 어시스트를 활성화
합니다.

❽ 애니메이션 어시스트의 '설정' 옵션을 터치합니다.

❾ '루프'를 선택합니다. 파란색 점을 좌우로 옮겨 해당 옵션
의 수치를 조절합니다.

❿ 초당 프레임은 '10'으로 합니다.

⓫ 어니언 스킨 프레임은 '2'로 합니다.

⓬ 양파 껍질 불투명도는 '60%'로 합니다.

⓭ 보조 프레임 채색을 활성화합니다.

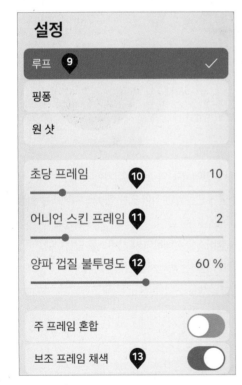

아이패드 프로크리에이트로 캐릭터 이모티콘 만들기

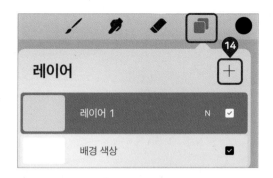

⓮ 오른쪽 상단의 레이어 아이콘을 터치합니다. 우측의 '+' 아이콘을 터치하여 새 레이어를 추가합니다.

⓯ 새 레이어 아래의 레이어를 좌→우로 쓸어 넘겨 함께 선택합니다.

⓰ 우측 상단의 '그룹'을 터치하여 두 레이어를 그룹짓습니다. 폴더가 생성되며 두 개의 레이어가 폴더 속으로 들어갑니다.

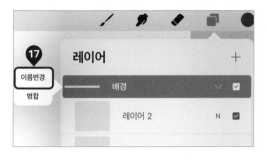

⓱ 폴더 이름을 '배경'으로 변경합니다.

⓲ 애니메이션 어시스트 창의 1번 프레임을 터치하여 옵션에서 '복제'를 선택합니다.

⓳ 레이어 창을 열어 폴더의 이름을 '01'로 변경합니다.

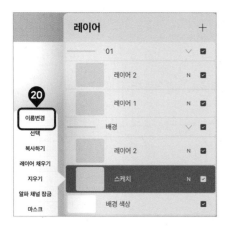

⓴ 레이어 창에서 '배경' 폴더를 선택하고 폴더 내부에서 가장 하단의 레이어 이름을 '스케치'로 변경합니다.

아이패드 프로크리에이트로 캐릭터 이모티콘 만들기

㉑ '스케치'로 이름을 바꾼 레이어에 전체 배경을 그립니다

㉒ 애니메이션 어시스트 창에서 1번 프레임을 터치하여 옵션에서 '배경'을 활성화합니다. 일반 프레임과 다르게 프레임 아이콘의 모양이 달라진 것을 확인할 수 있습니다.

㉓ 2번 프레임을 터치하여 '복제'합니다.

㉔ 레이어 창을 열어 복제된 폴더의 이름을 '전경'으로 변경합니다. 그리고 프레임을 터치하여 '프레임 옵션'을 열고 '전경'을 활성화합니다. 전경 프레임 역시 배경과 마찬가지로 프레임 아이콘이 변경되었습니다. 전경 혹은 배경 프레임은 파일당 1프레임씩만 가능합니다. 배경→01→전경 순으로 프레임이 정렬되었습니다.

㉕ 레이어 창에서 '전경' 폴더를 선택하고 폴더 내부에서 가장 하단의 레이어 이름을 '스케치'로 변경합니다.

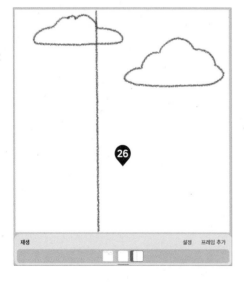

㉖ 배경 레이어를 참고하여 캔버스의 3분의 1 지점에 세로로 벽을 그립니다.

아이패드 프로크리에이트로 캐릭터 이모티콘 만들기

㉗ 레이어 창에서 '01' 폴더를 선택하고 폴더 내부에서 가장 하단의 레이어 이름을 '스케치'로 변경합니다.

㉘ 전경 프레임에 그려진 벽 뒤로 심각한 얼굴의 루이 머리를 '스케치' 레이어에 그립니다.

㉙ 루이가 그려진 1번 프레임을 터치하여 복제합니다.

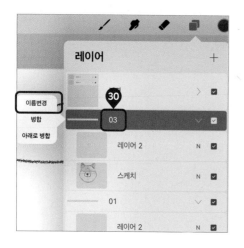

㉚ 레이어 창을 열어 복제한 폴더 이름을 '03'으로 변경합니다.

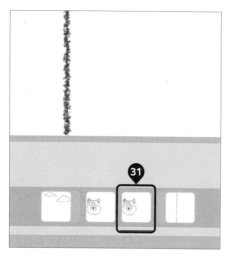

㉛ 3번 프레임을 선택합니다.

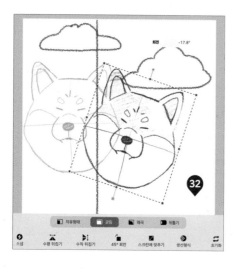

㉜ 왼쪽 상단에서 화살표 모양의 이동 툴을 터치하여 루이의
머리 부분을 벽 옆으로 이동하고 회전을 하여 벽 뒤에서
쳐다보는 모습을 만듭니다.

아이패드 프로크리에이트로 캐릭터 이모티콘 만들기

㉝ 다시 1번 프레임을 터치하여 '복제'한 후 레이어 창을 열어 복제된 폴더의 이름을 '02'로 변경합니다.

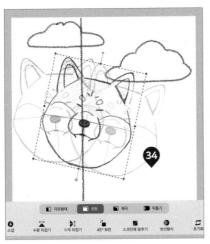

㉞ '02' 폴더 내의 스케치 레이어의 루이 머리를 이동 툴을 이용하여 1번과 3번 프레임 사이로 옮깁니다.

㉟ 1번 프레임의 스케치 레이어를 선택하고 루이 머리 아래에 몸을 그립니다.

36 3번 프레임 역시 스케치 레이어를 선택하고 벽 옆으로 나와 있는 루이 머리 아래에 몸을 그립니다.

37 어니언 스킨을 통해 보여지는 1번과 3번 프레임의 몸을 참고하여 2번 프레임의 루이 머리 아래에 몸을 그립니다.

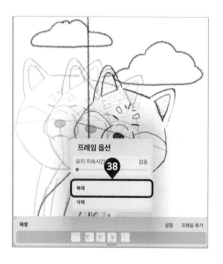

38 3번 프레임을 복제하여 네 번째 프레임을 만들고 레이어 창을 열어 폴더 이름을 '04'로 변경합니다.

아이패드 프로크리에이트로 캐릭터 이모티콘 만들기

㊴ 4번 프레임의 루이 머리 옆에 번쩍이는 효과를 크게 그립니다. 날카로운 눈빛으로 지켜보고 있다는 느낌을 주는 효과입니다.

㊵ 4번 프레임을 다시 복제합니다.

㊶ 복제된 프레임의 이름을 '05'로 바꿔주고 번쩍이는 효과를 이동 툴의 균등 옵션을 이용하여 살짝 줄이고 4번 프레임의 번쩍이는 효과 가운데에 위치하도록 옮깁니다.

42 1번 프레임에 3, 5번 프레임에 5로 유지 지속시간 옵션을 적용하여 시간을 길게 만들어 줍니다.

전경과 배경 옵션을 사용하여 벽 뒤에 숨어있는 루이를 그렸습니다.

43 애니메이션 어시스트 창에서 '재생'을 터치해서 루이의 움직임을 확인합니다.

44 움직임이 느리거나 빠르다면 '설정'을 터치한 후 초당 프레임 수치를 이용하여 움직임의 속도를 조절합니다. 재생 중에도 조절할 수 있습니다.

아이패드 프로크리에이트로 캐릭터 이모티콘 만들기

움직임이 어색하거나 잘못됐다면 프레임을 하나씩 터치하며 고쳐야 할 프레임을 찾아 스케치를 수정하면 됩니다.

수정까지 마무리되었다면 멈춰 있는 이모티콘을 제작하는 방식과 같이 레이어를 추가하여 라인과 채색 작업을 합니다. 라인과 채색 작업이 마무리됐다면 다시 애니메이션 어시스트의 '재생'을 터치하여 최종 결과물을 확인합니다.

폴더 안 레이어

최종 완료된 애니메이션 어시스트

한 장의 그림으로 통통 튀는 움직임 만들기

움직이는 이모티콘을 만들 때 완성된 이모티콘에 한 장의 그림을 추가하거나, 기존 그림을 수정하여 통통 튀는 움직임을 만들 수 있습니다. 깜짝 놀라는 미쉘과 벽 뒤에서 빼꼼 얼굴을 내미는 루이, 이렇게 두 가지 이모티콘으로 설명하겠습니다.

깜짝 놀라는 미쉘

벽 뒤의 루이

◆ 그림을 추가하여 깜짝 놀라는 미쉘에게 탄력을 주자!

앞서 `예제3`의 미쉘의 그림은 총 5장이지만 2번 프레임을 제외하여 더 자연스러운 움직임을 만들었습니다. 이제 마지막 프레임 앞에 한 장의 그림을 추가하여 탄력이 느껴지게 만들겠습니다.

❶ 마지막 프레임을 복제합니다.

❷ 복제된 프레임이 아닌 그 전 프레임을 선택합니다.

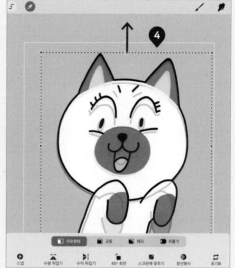

❸ 왼쪽 상단의 이동 툴을 선택하고 아래 옵션에서 '자유형태'를 선택합니다.

❹ 미쉘 주변에 생긴 파란색 점 중에서 상단의 가운데 점을 터치하여 깜짝 놀라며 몸을 일으키는 방향인 12시 방향으로 마지막 프레임의 그림보다 튀어나 오게 드래그합니다. 어니언 스킨 옵션을 사용하면 편리합니다.

'재생'을 터치하여 확인하면 미쉘이 깜짝 놀라는 순간 통통 튀듯 탄력이 느껴집니다. 이는 움직일 때 운동 방향에 따라 존재하는 물리적 힘을 표현한 것입니다. 달리던 자동차가 급정지를 하게 될 때 달려오던 방향으로 몸이 쏠리듯이 몸을 위로 빠르게 움직일 때도 비슷한 현상이 나타나는데 이를 표현한 것입니다. 해당 프레임의 활성, 비활성 옵션을 통해 추가로 한 장이 들어간 것과 아닌 것의 차이를 비교해 보기 바랍니다.

◆ 기존의 그림을 수정하여 벽 뒤의 루이에게 탄력을 주자!
앞선 예제4 의 루이 그림은 전경과 배경을 제외하고 총 5장이지만 3장은 순수하게 루이의 움직임만을 그렸고 2장은 정지된 루이와 함께 번쩍이는 눈빛을 표현하였습니다. 움직임이 정지되는 순간인 3번 프레임의 그림을 수정하여 탄력이 느껴지게 만들겠습니다.

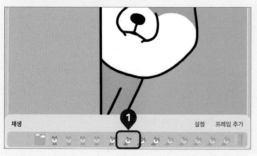

❶ 3번 프레임을 선택합니다.

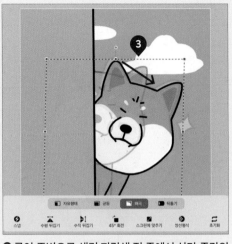

❷ 화살표 모양의 이동 툴을 터치하여 '왜곡' 옵션을
선택합니다.

'재생'을 터치하여 확인합니다.

❸ 루이 주변으로 생긴 파란색 점 중에서 상단 중간의
파란 점을 터치하여 운동 방향인 5시 방향으로 4번
프레임에 그려진 루이보다 아래의 위치에 드래그
합니다. 어니언 스킨 옵션을 사용하면 편리합니다.

운동 방향에 따른 캐릭터의 움직임에 관한 기술을 배웠습니다. 한 장의 그림을 추가하거나 수정하는 것으로 캐
릭터의 움직임에 탄력을 줄 수 있습니다. 가장 중요한 것은 운동 방향에 맞게 그림을 추가, 혹은 수정하는 것에
있습니다. 이모티콘을 제작할 때 적절하게 사용하기 바랍니다.

아이패드 프로크리에이트로 캐릭터 이모티콘 만들기

이모티콘으로 대화가 가능하게 구성하기

저자는 이모티콘 작업 초기에는 시안으로 제출하는 이모티콘의 순서를 처음과 끝만 인사 이모티콘으로 배치하고 나머지는 특별한 의미 없이 나열했습니다.

웰시코기 이광복 씨 첫 이모티콘. 나열 순서에 의미가 없다

지금은 대화의 흐름이 이어지는 메시지를 순서대로 배치하는 방식을 사용하고 있습니다.

대화의 흐름이 이어지는 이모티콘 순서

저자와 같은 방식으로 해야 한다는 공식적인 안내가 있는 것은 아니고, 이 방식이 시안 통과에 영향을 주는지는 알 수 없지만 이모티콘은 대화에 사용되는 아이템이기 때문에 대화에 어떻게 사용될 수 있는지 최대한 보여주는 것이 효과적이라고 생각했습니다.

대화형 이모티콘의 경우 순서대로 읽었을 때 대화가 가능한 메시지들이 있다면 순서대로 배치하는 것이 좋습니다.

┃ 캔버스의 공간 활용하기

이모티콘을 제작할 때 공간 활용을 다양하게 하지 못하고 단순하게 화면을 구성하는 경우가 있습니다. 캐릭터의 크기나 배치에 따라 공간을 적절히 사용하면 이모티콘의 완성도를 높일 수 있습니다.

① 중앙에 캐릭터 배치

많은 이모티콘이 중앙에 캐릭터를 배치합니다. 전신 위주로 이동 범위가 넓은 동작보다 좁은 동작일 경우 중앙에 배치합니다. 화면 위쪽 혹은 아래쪽에 텍스트를 배치하는 것도 안정감을 높이는 데에 좋습니다.

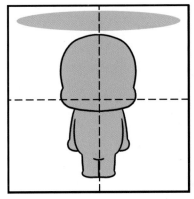 

중앙 이모티콘

② 중심을 벗어난 캐릭터 배치

동작의 이동 범위 혹은 메시지에 따른 캐릭터의 방향, 효과 등에 따라 캔버스의 중심에서 캐릭터의 위치가 벗어나 있는 경우가 있습니다. 그런 경우 빈 곳에 텍스트 또는 아이템을 배치하면 전체적으로 안정되어 보입니다. 캐릭터와 아이템이 겹치지 않게 배치하는 것이 바람직하며 필요에 따라 원근법을 적용하여 캐릭터의 앞이나 뒤에 아이템을 배치합니다.

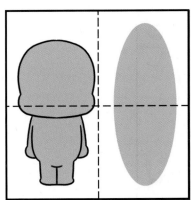 

모서리 배치 이모티콘

❸ 캐릭터가 둘 이상일 때

등장하는 캐릭터가 둘 이상일 때는 한쪽에 치우치지 않도록 안정감 있게 배치하는 것이 중요합니다. 둘 이상의 캐릭터가 등장하는 상황에서는 캐릭터의 크기가 작아질 수밖에 없기 때문에 표정보다는 동작이 재미있는 이모티콘으로 구상하는 것이 좋습니다.

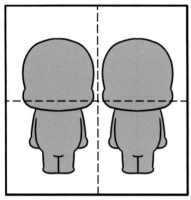 

둘 이상의 캐릭터 이모티콘

❹ 상반신 위주의 이모티콘

캐릭터의 표정으로 메시지를 표현하는 이모티콘의 경우 전신보다는 상반신을 사용하는 것이 효과적입니다. 다양한 표정을 통해 풍부한 감정을 표현하고 필요에 따라 아이템과 효과, 그리고 텍스트를 사용하여 완성도를 높입니다.

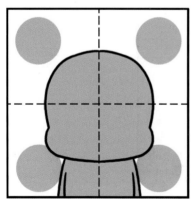 

상반신 위주의 이모티콘

아이패드 프로크리에이트로 캐릭터 이모티콘 만들기

Chapter
05

이모티콘을
각 플랫폼에 맞게
내보내기

05 이모티콘을 각 플랫폼에 맞게 내보내기

이모티콘을 완성했다면 플랫폼의 기준에 맞게 원본 피일을 변환해야 합니다. 멈춰 있는 이모티콘 또는 움직이는 이모티콘 모두 해당 플랫폼이 요구하는 사이즈와 포맷으로 수정하여 시안을 제출합니다. 각 플랫폼의 기준에 맞게 수정하기 위해 작업된 이모티콘들을 스택으로 모아보겠습니다.

메인 화면

❶ 프로크리에이트 메인 화면에서 오른쪽 상단의 '선택'을 터치합니다.

선택 화면

❷ 멈춰 있는 이모티콘 또는 움직이는 이모티콘과 같이 같은 종류의 이모티콘으로 모아서 선택합니다.

❸ 이모티콘을 선택한 후 오른쪽 상단의 '스택'을 터치하여 모아 줍니다.

❹ 스택의 이름을 터치하여 '멈춰 있는 이모티콘 원본' 또는 '움직이는 이모티콘 원본'으로 수정합니다.

이제 각 플랫폼의 기준에 맞게 크기를 조절하고 공유 옵션을 통해 저장하겠습니다.

 광팔 작가의 한 마디

이 책에 등장하는 이모티콘 크기의 단위는 픽셀(px)입니다.

① 카카오톡 이모티콘 사이즈로 내보내기

카카오톡의 경우 기본 이모티콘 규격은 가로 360px에 세로 360px의 정사각형입니다. 이모티콘 종류에 따라 어떤 기준을 충족해야 하는지 이모티콘 스튜디오에 접속하여 세부 사항을 살펴보기 바랍니다.

멈춰있는 이모티콘		움직이는 이모티콘	
제안하기		제안하기	

멈춰있는 이모티콘 제안가이드

총 32종	PNG 32종 (투명배경)

1. 제작 사이즈는 360 x 360 (px) 입니다.
2. 시안은 1개당 150KB 이하로 제작해 주세요.
3. 해상도는 72dpi, 컬러모드는 RGB를 권장합니다.

움직이는 이모티콘 제안가이드

총 24종	PNG 21종 (투명배경)
	GIF 3종 (흰색배경)

1. 이미지 사이즈는 360 x 360 (px) 입니다.
2. 이미지는 1개당 2MB 이하로 제작해 주세요.
3. 해상도는 72dpi, 컬러모드는 RGB를 권장합니다.
4. 24개 이미지 중 3개의 이미지는 24프레임 이하의 GIF로 제작해주세요.

카카오톡 이모티콘 규격

* 해당 서적에서는 멈춰 있는 이모티콘과 움직이는 이모티콘, 이렇게 두 가지의 경우를 중점적으로 다룹니다.
　큰 이모티콘의 경우에는 멈춰 있는 이모티콘과 움직이는 이모티콘에 대한 설명을 참고하여 적용하기 바랍니다.

┃ 멈춰 있는 이모티콘 파일로 저장하기

멈춰 있는 이모티콘의 경우 투명한 배경의 PNG 파일로 저장해야 합니다.

❶ 프로크리에이트의 메인 화면에 만들어 놓은 '멈춰 있는 이모티콘 원본' 스택을 우→좌로 쓸어 넘겨 '복제'합니다.

　　　　　　　　　　　　　　　　　　아이패드 프로크리에이트로 캐릭터 이모티콘 만들기

❷ 복제된 스택의 이름을 터치하여 '멈춰 있는 카카오톡 시안'으로 변경합니다.

❸ 스택을 터치하여 이모티콘 파일 중 하나를 선택합니다.

❹ 왼쪽 상단의 공구 모양 아이콘 '동작' 메뉴를 터치합니다.

❺ '캔버스'메뉴에서 '잘라내기 및 크기변경'을 터치합니다.

❻ 오른쪽 상단의 '설정' 메뉴를 터치합니다.

❼ 설정 메뉴에서 '캔버스 리샘플'을 활성화합니다.

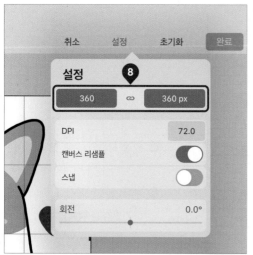

❽ 가로 1000px을 360px로 변경합니다. 캠퍼스 리 샘플이 활성화되어 있기 때문에 세로는 자동으로 360px로 바뀝니다.

광팔 작가의 한 마디

캔버스 리샘플은 캔버스의 비율에 맞춰 이미지의 크기를 조절하는 기능입니다.

❾ '완료'를 터치합니다.

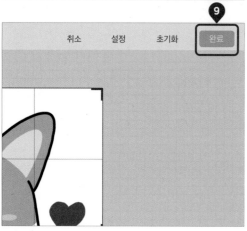

아이패드 프로크리에이트로 캐릭터 이모티콘 만들기

⑩ 갤러리로 돌아가면 이모티콘의 이름 아래에 카카오톡 기준인 360×360으로 변경되어 있는 것을 확인할 수 있습니다.

⑪ 다시 이모티콘 파일을 열고 레이어 창에서 배경 색상을 비활성화합니다. 채색이 빠진 곳은 없는지 확인합니다.

⑫ 왼쪽 상단의 공구 모양 아이콘을 터치하여 '동작' 메뉴의 '공유' 옵션으로 들어갑니다.

⑬ 이미지 공유의 PNG 메뉴를 터치합니다.

⑭ 이미지 저장을 터치하여 아이패드 내 사진 앱에 이미지를 저장합니다. 필요한 파일 개수만큼 반복하여 저장합니다.

 광팔 작가의 한 마디

크기 변경 후 이모티콘의 품질이 떨어져 보일 수 있습니다. 360×360 크기의 이모티콘은 굉장히 작은 그림이기 때문에 해상도가 높은 아이패드의 큰 화면으로 보게 되면 품질이 떨어져 보입니다. 하지만 파일에 문제가 있는 것은 아니니 걱정하지 않아도 됩니다.

아이패드 프로크리에이트로 캐릭터 이모티콘 만들기

| 움직이는 이모티콘 파일로 저장하기

움직이는 이모티콘 시안의 경우 21개는 멈춰 있는 이모티콘과 같이 배경이 투명한 멈춰 있는 PNG 파일로 저장해야 하지만 나머지 3개는 배경이 흰색으로 된 움직이는 GIF 파일로 저장해야 합니다.

❶ 프로크리에이트의 메인 화면에 만들어 놓은 움직이는 이모티콘 원본 스택을 우→좌로 쓸어 넘겨 '복제'합니다.

❷ 복제된 스택의 이름을 터치하여 '움직이는 카카오톡 시안'으로 변경합니다.

❸ 스택을 터치하여 작업된 이모티콘 파일을 열어 줍니다.

❹ 왼쪽 상단의 공구 모양 아이콘 '동작' 메뉴를 터치합
니다.

❺ '캔버스' 메뉴를 터치하여 '잘라내기 및 크기변경'을
터치합니다.

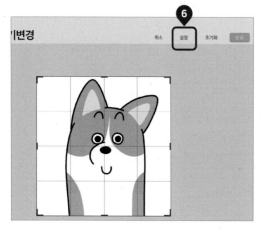

❻ 오른쪽 상단의 '설정' 메뉴를 터치합니다.

아이패드 프로크리에이트로 캐릭터 이모티콘 만들기

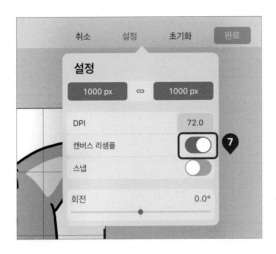

7 설정 메뉴에서 '캔버스 리샘플'을 활성화합니다.

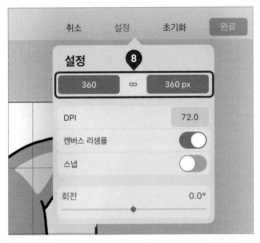

8 1000px을 360px로 변경합니다.

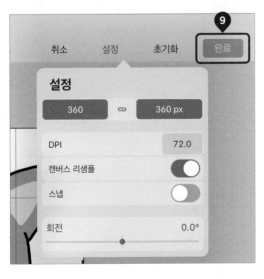

9 '완료'를 터치합니다.

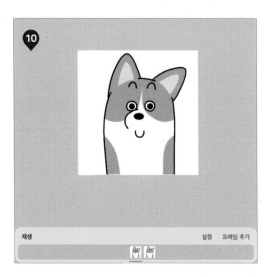

⑩ 이모티콘의 크기가 카카오톡 기준인 360×360 크기로 변경되었습니다.

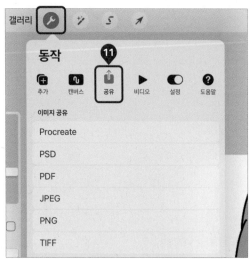

⑪ 왼쪽 상단의 공구 모양 아이콘을 터치하여 '동작' 메뉴의 '공유' 옵션으로 들어갑니다.

⑫ 레이어 공유의 움직이는 GIF 메뉴를 터치합니다.

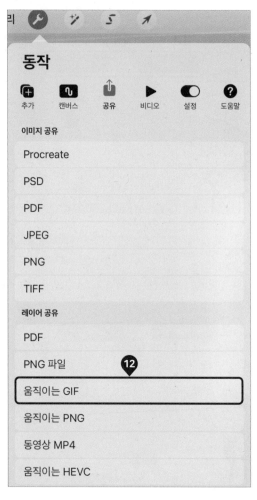

아이패드 프로크리에이트로 캐릭터 이모티콘 만들기

⓭ '최대 해상도'와 '웹 레디' 두 개의 메뉴 중에 '최대 해상도'를 선택합니다. '웹 레디'는 웹 환경에 맞게 사이즈와 용량을 자동으로 조절하는 옵션입니다. 이모티콘 제작 시에는 사용하지 않습니다.

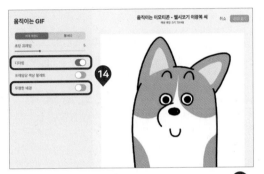

⓮ '디더링*' 옵션을 활성화합니다. 투명한 배경 옵션은 비활성화 상태로 둡니다.

⓯ 오른쪽 상단의 '내보내기'를 터치합니다.

⓰ '이미지 저장'을 터치하여 아이패드 내 사진 앱에 이미지를 저장합니다. 필요한 파일 개수만큼 반복하여 저장합니다.

*디더링: 매끄럽지 못한 계단 모양의 울퉁불퉁한 윤곽선이나 대각선을 눈에 띄지 않게 하여 사실감을 높이는 데에 사용되는 기법

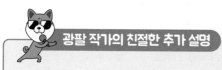
파일 앱을 이용하여 폴더에 파일 정리하기

아이패드로 제작한 이모티콘을 사진 앱에 저장하기 어려울 때가 있습니다. 중간중간 다른 사진들이 섞여 정리가 어려운 경우도 있습니다. 아이패드 내부 저장공간에 폴더를 만들어 관리하거나 애플에서 무료로 제공하는 iCloud를 이용하면 효율적으로 파일을 관리할 수 있습니다.

◆ iCloud Drive 이용하기

❶ 홈 화면에서 아이패드의 '설정' 앱을 선택합니다.

❷ Apple ID로 로그인합니다. Apple ID가 없을 경우 가입 절차를 거쳐 생성합니다.

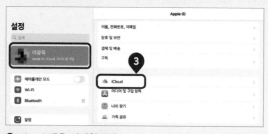

❸ iCloud 탭을 선택합니다.

❹ 스크롤을 내려 'iCloud Drive'를 활성화합니다.

❺ '설정' 앱을 종료하고 홈 화면에서 '파일' 앱을 선택합니다.

❻ '위치' 탭에서 'iCloud Drive'를 선택합니다.

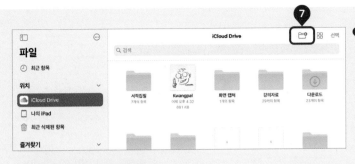

⑦ 오른쪽 상단의 폴더 아이콘 을 터치하여 폴더를 만들어 파일을 정리할 수 있습니다.

◆ 아이패드 저장공간 이용하기

① 홈 화면에서 '파 일' 앱을 선택합 니다.

② '위치' 탭에서 '나 의 iPad'를 선택합 니다.

③ 오른쪽 상단의 폴더 아이콘 을 터치하여 폴더를 만들어 파일을 정리할 수 있습니다.

◆ 프로크리에이트에서 이모티콘을 저장할 때 'iCloud Drive', 아이패드 저장공간 이용하기

작업이 끝난 이모티콘을 프로크리에이트의 공유 기능을 통해 PNG, GIF 파일로 저장할 때 'iCloud Drive', 아이패드 저장공간을 이용할 수 있습니다.

① 프로크리에이트 '동작' 메뉴를 선택합니다.
'공유' 탭에서 PNG 또는 GIF를 선택합니다.

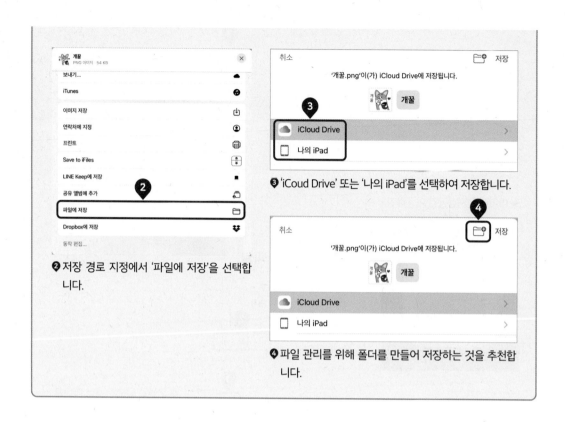

❷ 저장 경로 지정에서 '파일에 저장'을 선택합니다.

❸ 'iCoud Drive' 또는 '나의 iPad'를 선택하여 저장합니다.

❹ 파일 관리를 위해 폴더를 만들어 저장하는 것을 추천합니다.

2 라인 스티커 사이즈로 내보내기

라인 스티커는 스티커와 애니메이션 스티커 두 가지의 작업 방식이 다릅니다. 카카오톡의 경우 멈춰 있는 이모티콘과 움직이는 이모티콘의 차이가 움직임의 유무에 있을 뿐이고 캔버스 크기를 조절하는 방식은 같지만 라인의 경우 움직임의 유무 외에도 캔버스 크기를 조절하는 방식이 다릅니다. 어떤 차이가 있는지 가이드를 참고하여 제작해 보겠습니다.

이미지		
	개수	크기(px)
메인 이미지	1개	너비 240 x 높이 240
스티커 이미지	8, 16, 24, 32, 40종 중 선택 가능	최대 너비 370 x 높이 320
대화방 탭 이미지	1개	너비 96 x 높이 74

스티커

아이패드 프로크리에이트로 캐릭터 이모티콘 만들기

이미지			
	개수	크기(px)	파일 형식
메인 이미지	1개	너비 240 x 높이 240	.png(APNG)
애니메이션 스티커 이미지	8종, 16종, 24종	최대 320 x 270픽셀	.png(APNG)
대화방 탭 이미지	1개	너비 96 x 높이 74	.png

애니메이션 스티커

▌스티커 파일로 저장하기

스티커의 경우 이모티콘 그림의 사방으로 10px의 여유 공간이 있어야 합니다. 예제로 만든 원본 이모티콘에는 여유 공간이 없기 때문에 '잘라내기 및 크기변경' 기능을 이용하여 라인 플랫폼에 맞게 수정하겠습니다.

❶ 프로크리에이트의 메인 화면에 만들어 놓은 멈춰 있는 이모티콘 원본 스택을 우→좌로 쓸어 넘겨 '복제'합니다.

❷ 복제된 스택의 이름을 터치하여 '라인 스티커 시안'으로 변경합니다.

❸ 스택을 터치하여 작업된 이모티콘 파일을 열어 줍니다.

❹ 레이어 창을 열어 배경 색상을 비활성화합니다. 채색이 빠진 곳은 없는지 확인합니다.

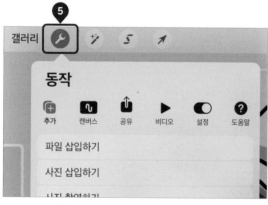

❺ 왼쪽 상단의 공구 모양 아이콘 '동작' 메뉴를 터치합니다.

아이패드 프로크리에이트로 캐릭터 이모티콘 만들기

❻ '캔버스' 메뉴를 터치하여 '잘라내기 및 크기변경'을
터치합니다.

❼ 오른쪽 상단의 '설정' 메뉴를 터치합니다.

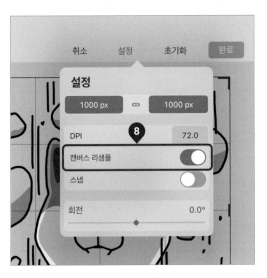

❽ 설정 메뉴에서 '캔버스 리샘플'을 활성화합니다.

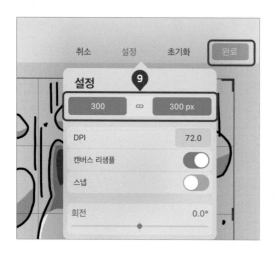

❾ 가로 1000px을 300px로 변경합니다. 세로는 자동으로 변경됩니다. '완료'를 터치합니다.

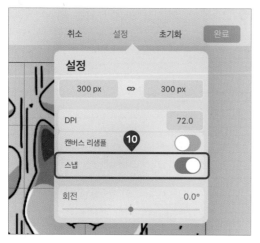

❿ 다시 '동작', '캔버스'의 '잘라내기 및 크기변경'을 터치합니다. 그리고 설정에서 '스냅'을 활성화합니다.

광팔 작가의 한 마디

'스냅' 옵션을 활성화하면 자유로운 이동은 어려워지지만 이미지를 캔버스의 중심에 배치하거나 수평 및 수직을 맞추기 쉬워집니다.

⓫ 캔버스 크기를 320×320px로 변경합니다.

아이패드 프로크리에이트로 캐릭터 이모티콘 만들기

⑫ 그림을 터치하여 가운데로 위치시킵니다.

⑬ '완료'를 터치합니다. 이모티콘의 크기가 320×320으로 변경되었습니다.

⑭ 왼쪽 상단의 공구 모양 아이콘을 터치하여 '동작' 메뉴의 '공유' 옵션에 들어갑니다.

⓯ 이미지 공유의 PNG 메뉴를 터치합니다.

⓰ '이미지 저장'을 터치하여 아이패드 내 사진 앱에 저장하거나 '파일에 저장'을 터치하여 원하는 곳에 이미지를 저장합니다. 필요한 파일 개수만큼 반복하여 저장합니다.

 광팔 작가의 한 마디

라인 스티커 이미지는 370(최대)×320이지만 정사각형인 320×320으로 만들어도 무방합니다.

아이패드 프로크리에이트로 캐릭터 이모티콘 만들기

애니메이션 스티커 파일로 저장하기

라인 애니메이션 스티커는 카카오톡이나 밴드 스티커에 비해 과정이 복잡합니다. 애니메이션 스티커의 크기는 320×270px을 초과할 수 없으며, 가로 또는 세로 중 한 변의 길이가 최소 270px이어야 합니다. 정사각형 크기로 작업된 원본을 이용하여 각 플랫폼 크기에 맞게 내보내려면 270×270px로 크기를 변경하면 됩니다. 크기가 변경된 애니메이션 파일을 PNG 시퀀스로 추출하여 'EZGIF.COM'에서 변환하는 과정을 거쳐 APNG 파일을 제작합니다.

 광팔 작가의 한 마디

APNG는 연속된 PNG 파일을 순서대로 애니메이션화하는 파일입니다. 프로크리에이트 내에서 제작할 수는 있으나 세부 설정을 조정할 수 없어 라인 스티커로는 사용할 수 없습니다. 그래서 'EZGIF.COM' 사이트를 이용하여 변환하는 과정을 거칩니다.

❶ 프로크리에이트의 메인 화면에 만들어 놓은 움직이는 이모티콘 원본 스택을 우→좌로 쓸어 넘겨 '복제'합니다.

❷ 복제된 스택의 이름을 터치하여 '라인 애니메이션 스티커 시안'으로 변경합니다.

❸ 스택을 터치하여 작업된 이모티콘 파일을 열어 줍니다.

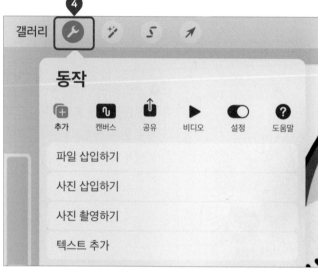

❹ 왼쪽 상단의 공구 모양 아이콘 '동작' 메뉴를 터치합니다.

❺ '캔버스' 메뉴를 터치하여 '잘라내기 및 크기변경'을 터치합니다.

아이패드 프로크리에이트로 캐릭터 이모티콘 만들기

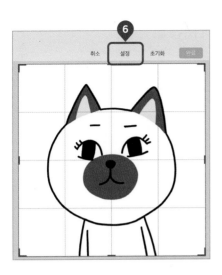

⑥ 오른쪽 상단의 '설정' 메뉴를 터치합니다.

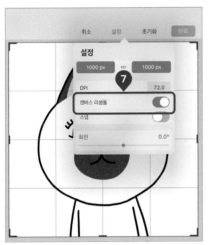

⑦ 설정 메뉴에서 '캔버스 리샘플'을 활성화합니다.

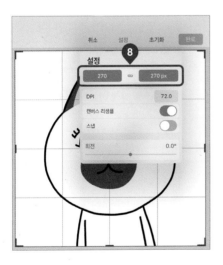

⑧ 가로 1000px을 270px로 변경합니다. 세로는 자동으로 변경
됩니다.

❾ '완료'를 터치합니다.

❿ 이모티콘의 크기가 270×270으로 변경되었습니다.

⓫ 레이어 창을 열어 폴더로 묶여 있는 레이어를 터치합니다.

⓬ 세부 메뉴에서 '병합'을 터치하여 1장의 그림으로 만듭니다. 모든 폴더에 적용합니다.

*주의 : 폴더를 '병합'하면 프레임에 적용되었던 '유지 지속시간'이 사라집니다. 'EZGIF.COM'에서 최종 파일을 만들 때 원본 이모티콘을 참고하여 시간을 적용해야 합니다.

아이패드 프로크리에이트로 캐릭터 이모티콘 만들기

⑬ 레이어 창을 열어 '배경 색상'을 비활성화합니다. 채색이 빠진 곳은 없는지 확인합니다.

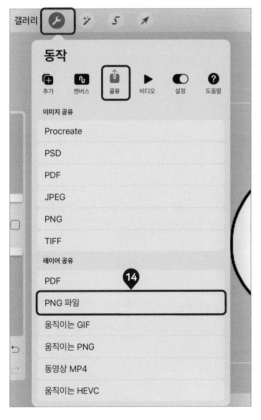

⑭ 왼쪽 상단의 공구 모양 아이콘을 터치하여 '동작' 메뉴의 '공유' 옵션으로 들어갑니다. 레이어 공유의 'PNG 파일' 메뉴를 터치합니다.

⑮ '파일에 저장'을 터치하여 iCloud 또는 아이패드 내부에 폴더를 만들어 저장합니다. 애니메이션 어시스트의 프레임 순서대로 모두 저장됩니다.

⑯ 사파리 또는 크롬 브라우저를 이용하여 'EZGIF.COM'에 접속합니다.

⑰ 메뉴에서 가장 오른쪽의 'APNG'를 터치합니다.

아이패드 프로크리에이트로 캐릭터 이모티콘 만들기

⑱ Animated PNG maker에서 '파일선택'을 터치합니다.

⑲ '탐색'을 터치합니다.

⑳ '둘러보기'에서 이미지를 저장한 경로를 찾아 모두 선택한 후 '열기'를 터치합니다.

㉑ 'Upload' 버튼을 터치합니다. 업로드한 그림이나 사진은 최대 1시간 이후에 서버에서 삭제된다고 개인 정보 보호 정책에 명시되어 있습니다.

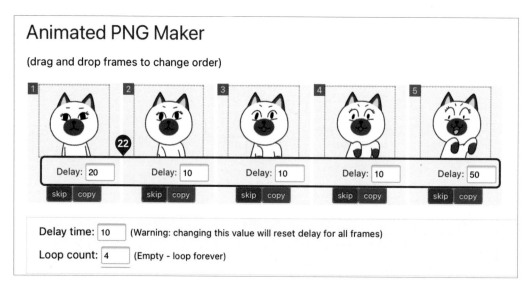

㉒ 프레임의 개수와 해당 프레임의 시간이 함께 표시됩니다. 원본 이모티콘의 프레임 유지 지속시간을 참고하여 프레임의 시간을 조절합니다. 기본으로 표시되는 시간은 20/100초입니다. 총 재생 시간이 4초를 넘으면 안 되기 때문에 모든 프레임 시간의 합이 1초, 2초, 3초와 같은 자연수로 만들어져야 합니다.

아이패드 프로크리에이트로 캐릭터 이모티콘 만들기

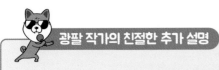

Animated PNG Maker 화면 설명

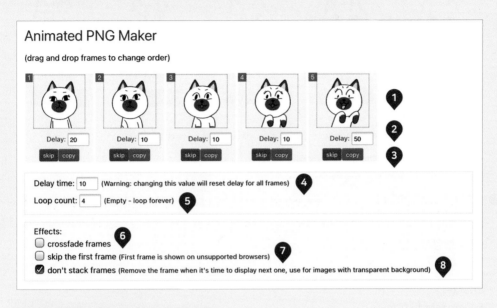

❶ APNG 파일을 만들기 위해 불러온 이미지들

❷ 각 프레임의 시간

❸ 해당 이미지를 건너뛰거나 복사

❹ 전체 이미지 시간을 동일한 시간으로 변경

❺ 반복 횟수

❻ 이미지와 이미지가 겹치면서 전환

❼ 첫 번째 프레임 건너뛰기

❽ 선택 필수!(선택하지 않으면 첫 번째 프레임이 배경으로 고정됩니다)

㉓ 루프 카운트를 입력합니다. 라인의 경우 루프 전체 시간이 4초를 넘기면 안 되고 1초 단위로 진행되어야 하기 때문에 루프 1회의 시간에 따라 횟수를 정해야 합니다. 전체 움직임 1회의 시간이 1초를 넘긴다면 4회 이하로 루프 횟수를 정해야 합니다.

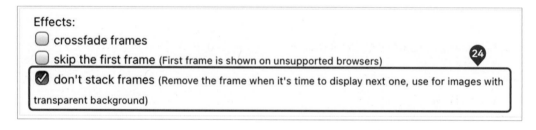

㉔ 이펙트 설정에서 3번째 항목을 체크합니다.

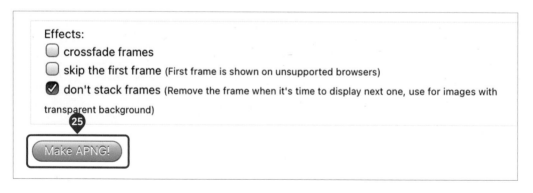

㉕ 'Make APNG'를 터치합니다.

㉖ Animated PNG output 창을 통해 움직임을 확인합니다.

㉗ 'save' 아이콘을 터치합니다.

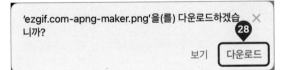

㉘ 팝업창에서 '다운로드'를 터치합니다.

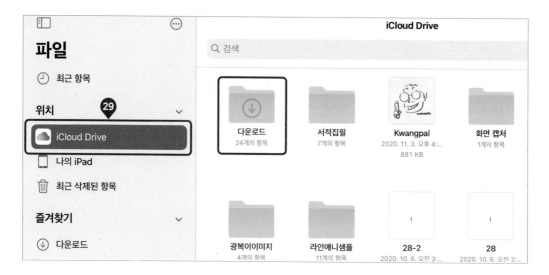

㉙ '파일' 앱을 열고 왼쪽 리스트에서 'iCloud Drive'를 터치하여 '다운로드' 폴더를 열어 줍니다.

㉚ 'ezgif.com-apng-maker.png' 파일을 찾아 길게 터치하면 세부 메뉴가 나타납니다.

㉛ 세부 메뉴에서 '이름 변경'을 선택하여 순서에 맞는 파일 번호로 바꿔줍니다.

아이패드 프로크리에이트로 캐릭터 이모티콘 만들기

㉜ 이름이 변경된 파일을 다시 길게 터치합니다. 세부 메뉴에서 '이동'을 선택하여 원하는 폴더로 옮깁니다. 같은 iCloud 내의 폴더로는 이동이 되며 나의 iPad 내의 폴더로는 복사가 됩니다. 다른 애니메이션 스티커 역시 같은 방법으로 APNG 파일을 만들어 저장합니다.

APNG 어셈블러를 이용하여 라인 애니메이션 스티커 제작하기

'EZGIF.COM' 홈페이지 접속이 어렵거나 사이트가 폐쇄되었을 때는 PC를 이용해야 합니다. APNG 제작을 위한 연속된 순서의 PNG 파일을 iCloud Drive에 저장하면 PC로 iCloud에 접속하여 다운로드할 수 있습니다. 그리고 APNG 어셈블러를 이용하여 APNG 파일로 제작합니다.

APNG 어셈블러는 별도로 설치해야 합니다. https://sourceforge.net/projects/apngasm/에 접속하여 윈도우 또는 매킨토시용으로 다운로드할 수 있습니다.

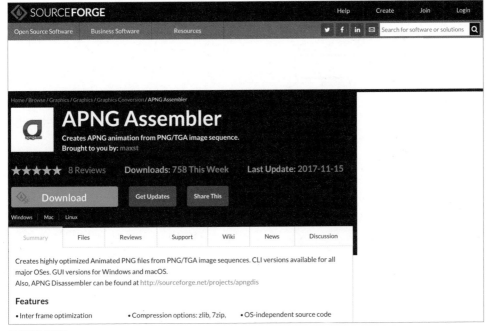

어셈블러 사이트

❶ 윈도우용 APNG 어셈블러를 이용하여 라인 APNG 제작하기

❶ 이모티콘 파일을 '레이어 공유 - PNG 파일'을 이용하여 연속된 PNG 파일로 저장합니다. 레이어마다 폴더는 병합되어 있어야 합니다.

❷ '파일에 저장'을 터치합니다.

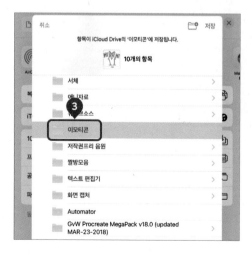

❸ 'iCloud Drive'를 선택하고 원하는 위치에 폴더를 만들어 저장합니다.

아이패드 프로크리에이트로 캐릭터 이모티콘 만들기

❹ 윈도우의 인터넷 브라우저(ex. 익스플로러, 크롬 등)를 이용하여 'iCloud.com'에 접속하여 로그인합니다.

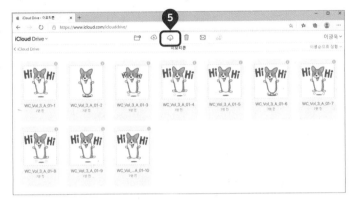

❺ 'iCloud Drive'에 연속된 PNG 파일을 찾아 PC로 다운로드합니다.

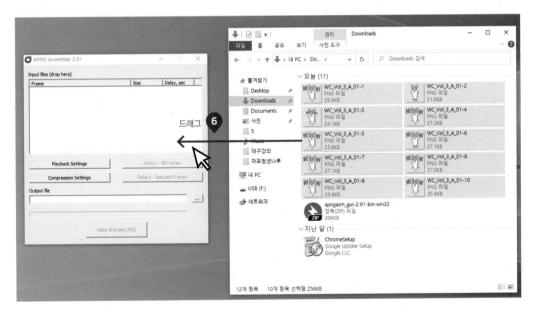

❻ PC에 설치한 APNG 어셈블러를 실행한 후 다운로드한 PNG 파일을 모두 선택해 [Input files(drop here)] 영역으로 드래그합니다.

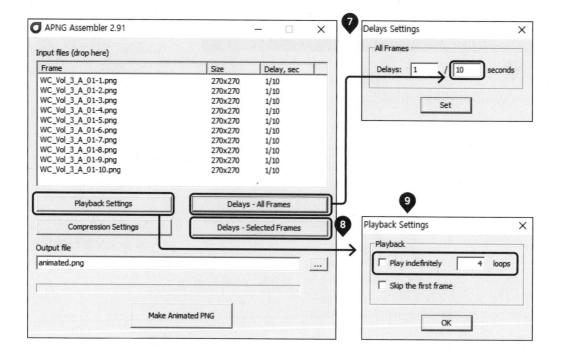

7 총 10장으로 이루어진, 프레임이 일정한 속도로 재생되는 이모티콘이기 때문에 [Delays - All Frames]에서 전체 프레임 속도 '10'을 입력합니다. 프레임 개수 10에 속도가 1이면 총 1초를 만든 것입니다.

8 [Delays - Selected Frames]를 선택하여 프로크리에이트에서 각 프레임에 적용했던 프레임 '유지 지속시간'을 참고하여 개별 프레임 시간을 수정합니다.

9 [Playback Settings]에서 [Play indefinitely]의 체크를 해제하고 반복 횟수를 '4'로 설정합니다.

 광팔 작가의 한 마디

라인 애니메이션 스티커는 최대 4초를 넘을 수 없습니다. 전체 시간이 2.5초, 3.5초처럼 중간값으로 정해지면 에러가 발생합니다. 1번 플레이되는 시간을 체크하고 전체 길이가 3초 혹은 4초가 되도록 반복 횟수를 정합니다.

아이패드 프로크리에이트로 캐릭터 이모티콘 만들기

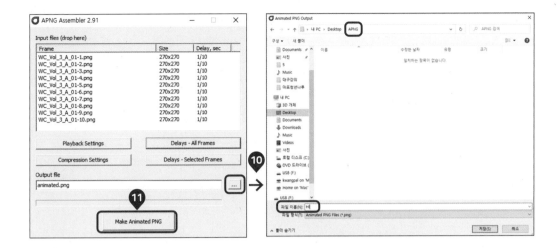

⑩ [Output file]에서 APNG 파일을 저장할 폴더를 만들고 파일 이름을 설정합니다.

⑪ [Make Animated PNG]를 클릭해 APNG 파일을 생성합니다.

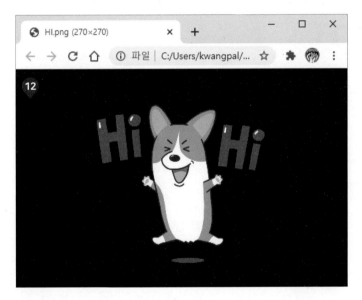

⑫ 제작된 APNG 파일을 크롬 브라우저에 드래그하여 확인합니다.

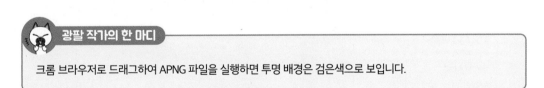

광팔 작가의 한 마디

크롬 브라우저로 드래그하여 APNG 파일을 실행하면 투명 배경은 검은색으로 보입니다.

❶ 이모티콘 파일을 '레이어 공유 - PNG 파일'을 이용하여 연속된 PNG 파일로 저장합니다. 레이어마다 폴더는 병합되어 있어야 합니다.

❷ '파일에 저장'을 터치합니다.

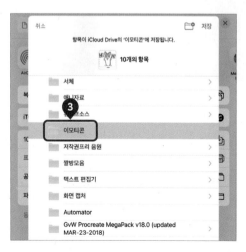

❸ 'iCloud Drive'를 선택하고 원하는 위치에 폴더를 만들어 저장합니다.

❹ 매킨토시의 인터넷 브라우저를
이용하여 'iCloud.com'에 접속
하여 로그인합니다.

❺ 'iCloud Drive'를 열어 연속된
PNG 파일을 매킨토시의 원하
는 경로에 다운로드합니다.

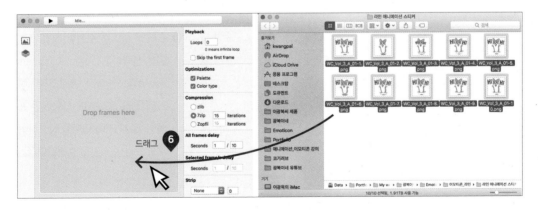

❻ 매킨토시에 설치한 APNG 어셈블러를 실행한 후 다운로드한 PNG 파일을 모두 선택해 [Input files(drop here)]
영역으로 드래그합니다.

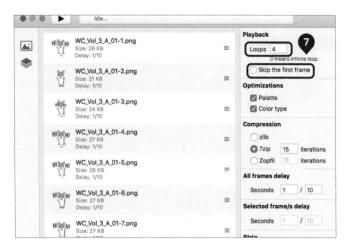

❼ [Playback]에서 반복 횟수를 '4'로 설정하고 [Skip the first frame] 의 체크는 해제합니다.

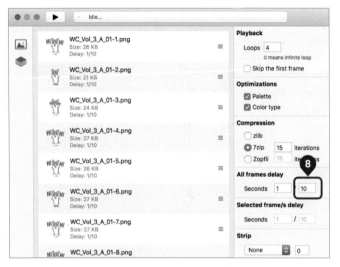

❽ 총 10장으로 이루어진, 프레임이 일정한 속도로 재생되는 이모티콘이기 때문에 [All frames delay] 에서 전체 프레임 속도 '10'을 입력합니다. 프레임 개수 10에 속도가 1이면 총 1초를 만든 것입니다.

❾ 프레임 속도를 조절할 개별 프레임을 선택하고 [Selected frame/s delay]를 선택하여 프로크리에이트에서 각 프레임에 적용했던 프레임 '유지 지속시간'을 참고하여 개별 프레임 시간을 수정합니다.

⑩ [Make Animated PNG]를 클릭해 원하는 위치에 APNG 파일을 생성합니다.

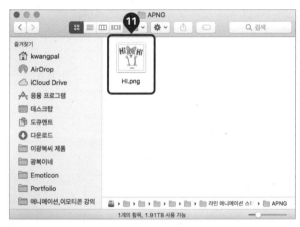

⑪ APNG 파일이 생성되면 저장된 파일명을 변경합니다.

⑫ 제작된 APNG 파일을 크롬 브라우저에 드래그하여 확인합니다.

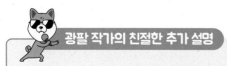

APNG 어셈블러 메뉴 구성

◆ 윈도우용 APNG 어셈블러 메뉴

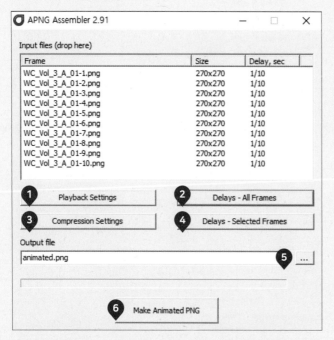

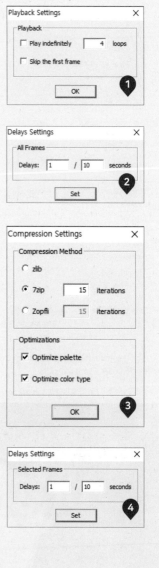

❶ [Playback Settings]: 전체 애니메이션의 반복 횟수를 정합니다. [Play indefinitely]를 체크하고 원하는 숫자를 입력하면 해당 숫자만큼 반복 재생되고 빈 칸으로 두면 무한 반복 재생됩니다. [Skip the first frame]에 체크하면 첫 장면 클릭 시 애니메이션이 재생됩니다.

❷ [Delays - All Frames]: 전체 프레임 속도를 설정합니다.

❸ [Compression Setting]: 파일 압축 옵션. 사용하지 않습니다.

❹ [Delays - Selected Frames]: 각 프레임 속도를 따로 설정합니다.

❺ [Output File]: 제작된 APNG 파일의 저장 위치를 정합니다.

❻ [Make Animated PNG]: APNG 파일을 저장하는 버튼입니다.

◆ 맥용 APNG 어셈블러 메뉴

❶ [Playback]: 전체 애니메이션의 반복 횟수를 정합니다. 빈 칸으로 두면 무한 반복 재생됩니다. [Skip the first frame]에 체크하면 첫 장면 클릭 시 애니메이션이 재생됩니다.

❷ [Optimizations]: APNG의 색상을 최적화하는 기능입니다.

❸ [Compression]: 파일을 압축하는 메뉴입니다.

❹ [All frames delay]: 전체 프레임 속도를 설정합니다.

❺ [Selected frame/s delay]: 각각의 프레임 속도를 설정합니다.

❻ [Strip]: 가로 세로 픽셀(px)을 정하는 변형하는 옵션입니다. 사용하지 않습니다.

❼ 연속된 PNG 파일의 보기 모드를 변경합니다.

❽ [Make Animated PNG]: APNG 파일을 저장하는 버튼입니다.

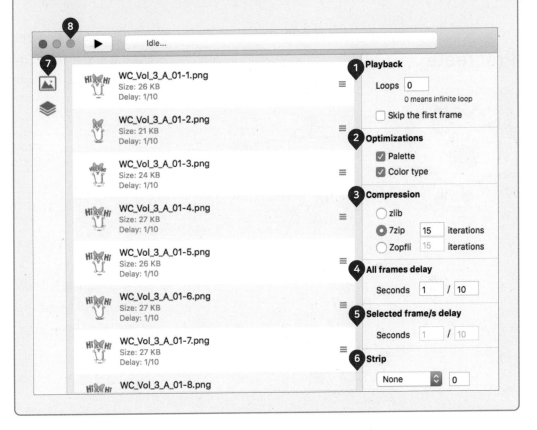

③ 밴드 스티커 사이즈로 내보내기

네이버 밴드의 경우 기본 이모티콘 규격은 최대 가로 370px에 세로 320px으로 라인과 같습니다. 하지만 라인과는 다르게 사방으로 10px의 여백을 두거나 APNG 파일을 제출해야 하는 것은 아닙니다. 스틸 스티커와 애니메이션 스티커, 두 가지로 내보내는 방법을 알아보겠습니다.

▎스틸 스티커 파일로 저장하기

스티커의 경우 투명한 배경의 PNG 파일로 저장해야 합니다.

❶ 프로크리에이트의 메인 화면에 만들어 놓은 멈춰 있는 이모티콘 원본 스택을 우→좌로 쓸어 넘겨 '복제'합니다.

❷ 복제된 스택의 이름을 터치하여 '밴드 스티커 시안'으로 변경합니다.

❸ 스택을 터치하여 작업된 이모티콘 파일을 열어 줍니다.

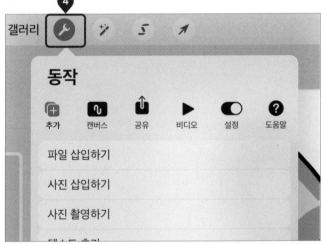

❹ 왼쪽 상단의 공구 모양 아이콘 '동작' 메뉴를 터치합니다.

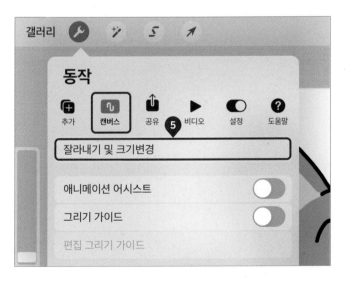

❺ '캔버스' 메뉴를 터치하여 '잘라내기 및 크기변경'을 터치합니다.

❻ 오른쪽 상단의 '설정' 메뉴를 터치합니다.

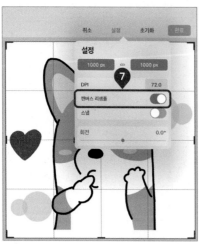

❼ 설정 메뉴에서 '캔버스 리샘플'을 활성화합니다.

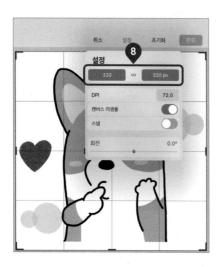

❽ 가로 1000px을 320px로 변경합니다. 세로는 자동으로 변경
됩니다.

⑨ '완료'를 터치합니다.

⑩ 스티커의 크기가 320×320으로 변경되었습니다.

⑪ 레이어 창을 열어 배경 색상을 비활성화합니다.

채색이 빠진 곳은 없는지 확인합니다.

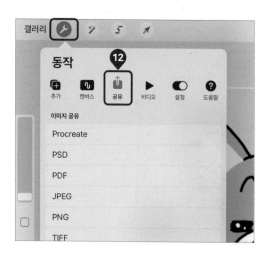

⓬ 왼쪽 상단의 공구 모양 아이콘을 터치하여 '동작' 메뉴의 '공유' 옵션으로 들어갑니다.

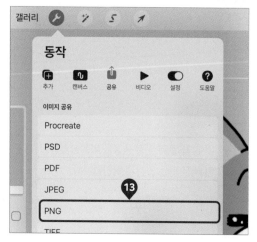

⓭ 이미지 공유의 PNG 메뉴를 터치합니다.

⓮ '이미지 저장'을 터치하여 아이패드 내 사진 앱에 저장하거나 '파일에 저장'을 터치하여 원하는 곳에 이미지를 저장합니다.

아이패드 프로크리에이트로 캐릭터 이모티콘 만들기

▎ 애니메이션 스티커 파일로 저장하기

애니메이션 스티커 시안의 경우 배경이 흰색으로 된 움직이는 GIF 파일로 저장해야 합니다.

① 프로크리에이트의 메인 화면에 만들어 놓은 움직이는 이모티콘 원본 스택을 우→좌로 쓸어 넘겨 '복제'합니다.

② 복제된 스택의 이름을 터치하여 '밴드 애니메이션 스티커 시안'으로 변경합니다.

③ 스택을 터치하여 작업된 이모티콘 파일을 열어 줍니다.

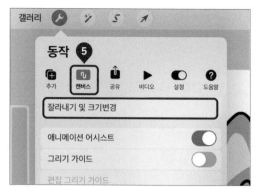

❹ 왼쪽 상단의 공구 모양 아이콘 '동작' 메뉴를 터치합니다.

❺ '캔버스' 메뉴를 터치하여 '잘라내기 및 크기변경'을 터치합니다.

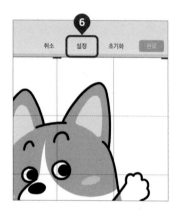
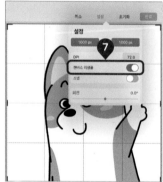
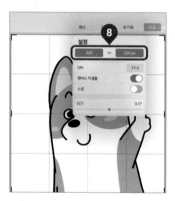

❻ 오른쪽 상단의 '설정' 메뉴를 터치합니다.

❼ 설정 메뉴에서 '캔버스 리샘플'을 활성화합니다.

❽ 1000px을 320px로 변경합니다.

아이패드 프로크리에이트로 캐릭터 이모티콘 만들기

⑨ '완료'를 터치합니다.

⑩ 애니메이션 스티커의
크기가 320×320으로
변경되었습니다.

⑪ 왼쪽 상단의 공구 모양 아이콘을 터치하여 '동작' 메
뉴의 '공유' 옵션으로 들어갑니다.

⑫ 레이어 공유의 움직이는 GIF 메뉴를 터치합니다.

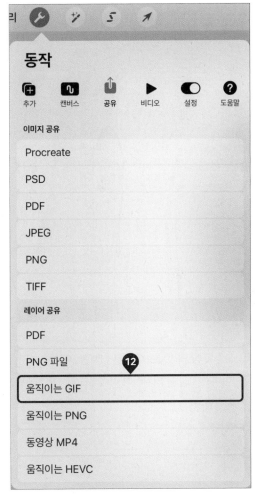

⓭ '최대 해상도'와 '웹 레디' 두 개의 메뉴 중에 '최대 해상도'를 선택합니다. '웹 레디'는 웹 환경에 맞게 사이즈와
용량을 자동으로 조절하는 옵션으로 이모티콘 제작 시에는 사용하지 않습니다.

⓮ '디더링' 옵션을 활성화합니다. 투명한 배경 옵션은 비활성화 상태로 둡니다.

⓯ 오른쪽 상단의 '내보내기'를 터치합니다.

⓰ '이미지 저장'을 터치하여 아이패드 내 사진 앱에 저장하거나 '파일에 저장'을 터치하여 원하는 곳에 이미지를
저장합니다.

아이패드 프로크리에이트로 캐릭터 이모티콘 만들기

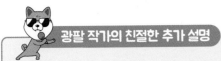
라인, 밴드 애니메이션 스티커 세부 설정

◆ 프레임 나열 순서

애니메이션 스티커의 첫 프레임이 정지 상태, 혹은 스티커샵에서 표시되는 대표 이미지가 되기 때문에 정지 이미지로 사용될 프레임이 처음에 위치하도록 합니다.

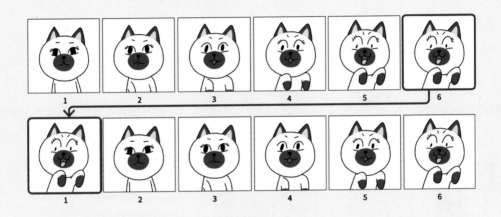

◆ 프레임 재생속도 설정 시 유의사항

첫 프레임 재생속도는 길지 않게 설정합니다. 정지 이미지로 사용될 프레임에 딜레이가 많이 필요한 경우 정지 이미지로 사용될 프레임을 복사하여 첫 프레임과 맨 마지막 프레임에 놓고 아래 그림과 같이 '프레임 유지 지속 시간'을 수정합니다.

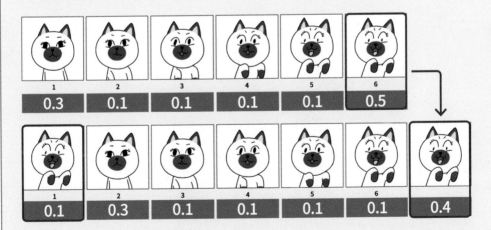

※ 플랫폼마다 세부 설정이 미세하게 다를 수 있으니 해당 플랫폼의 시안 가이드를 꼭 숙지한 후 제작해야 합니다.

네이버 OGQ마켓의 경우 기본 이모티콘 규격은 가로 740px에 세로 640px입니다. 네이버 블로그와 카페에 사용되는 스티커이기 때문에 스티커의 사이즈가 타 플랫폼에 비해 크다는 것이 특징입니다. 저장하는 방법을 알아보겠습니다.

스티커 파일로 저장하기

스티커의 경우 투명한 배경의 PNG 파일로 저장해야 합니다.

❶ 프로크리에이트의 메인 화면에 만들어 놓은 멈춰 있는 이모티콘 원본 스택을 우→좌로 쓸어 넘겨 '복제'합니다.

❷ 복제된 스택의 이름을 터치하여 'OGQ 스티커 시안'으로 변경합니다.

❸ 스택을 터치하여 작업된 이모티콘 파일을 열어 줍니다.

❹ 레이어 창을 열어 배경 색상을 비활성화합니다. 채색이 빠진 곳은 없는지 확인합니다.

❺ 왼쪽 상단의 공구 모양 아이콘 '동작' 메뉴를 터치합니다.

❻ '캔버스' 메뉴를 터치하여 '잘라내기 및 크기변경'을 터치합니다.

❼ 오른쪽 상단의 '설정' 메뉴를 터치합니다.

❽ 설정 메뉴에서 '캔버스 리샘플'을 활성화합니다.

❾ 가로 1000px을 640px로 변경합니다. 세로는 자동으로 변경됩니다.

❿ '완료'를 터치합니다.

⓫ 다시 '동작', '캔버스'의 '잘라내기 및 크기변경'을 터치합니다.
그리고 설정에서 '스냅'을 활성화합니다.

⓬ 캔버스 크기를 740×640px로 변경합니다.

⑬ 그림을 터치하여 가운데로 위치시킵니다. 스냅이 활성화되어 있기 때문에 그림을 가운데에 정확히 위치시킬 수 있습니다.

⑭ '완료'를 터치합니다. 이모티콘의 크기가 740×640 으로 변경되었습니다.

⑮ 왼쪽 상단의 공구 모양 아이콘을 터치하여 '공유' 옵션에서 이미지 공유의 PNG 메뉴를 터치합니다.

⑯ '이미지 저장'을 터치하여 아이패드 내 사진 앱에 저장하거나 '파일에 저장'을 터치하여 원하는 곳에 이미지를 저장합니다.

아이패드 프로크리에이트로 캐릭터 이모티콘 만들기

애니메이션 스티커 파일로 저장하기

애니메이션 스티커 시안의 경우 배경이 투명한 GIF 파일로 저장해야 합니다.

① 프로크리에이트의 메인 화면에 만들어 놓은 움직이는 이모티콘 원본 스택을 우→좌로 쓸어 넘겨 '복제'합니다.

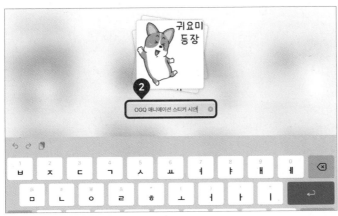

② 복제된 스택의 이름을 터치하여 'OGQ 애니메이션 스티커 시안'으로 변경합니다.

③ 스택을 터치하여 작업된 이모티콘 파일을 열어 줍니다.

④ 레이어 창을 열어 배경 색상을 비활성화합니다. 채색이 빠진 곳은 없는지 확인합니다.

⑤ 왼쪽 상단의 '동작' 메뉴를 터치합니다.

❻ '캔버스' 메뉴를 터치하여 '잘라내기 및 크기변경'을 터치합니다.

❼ 오른쪽 상단의 '설정' 메뉴를 터치합니다.

❽ 설정 메뉴에서 '캔버스 리샘플'을 활성화합니다.

⑨ 가로 1000px을 640px로 변경합니다. 세로는 자동으로 변경됩니다.

⑩ '완료'를 터치합니다.

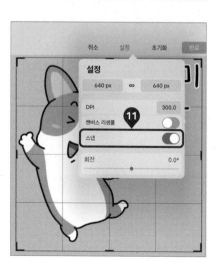

⑪ 다시 '동작', '캔버스'의 '잘라내기 및 크기변경'을 터치합니다. 그리고 설정에서 '스냅'을 활성화합니다.

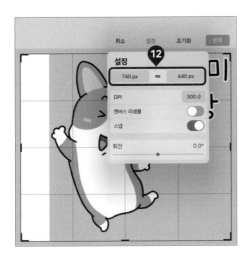

⓬ 캔버스 크기를 740×640px로 변경합니다.

⓭ 그림을 터치하여 가운데로 위치시킵니다. 스냅이 활성화
되어 있기 때문에 그림을 가운데에 정확히 위치시킬 수
있습니다.

⓮ '완료'를 터치합니다. 이모티콘의 크기가 740×640으로
변경되었습니다.

⓯ 레이어 창을 열어 폴더로 묶여 있는 레이어를
터치합니다.

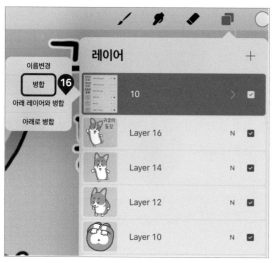

⓰ 세부 메뉴에서 '병합'을 터치하여 1장의 그림으
로 만듭니다.

아이패드 프로크리에이트로 캐릭터 이모티콘 만들기

⑰ 왼쪽 상단의 공구 모양 아이콘을 터치하여 '동작' 메뉴의 '공유' 옵션으로 들어갑니다.

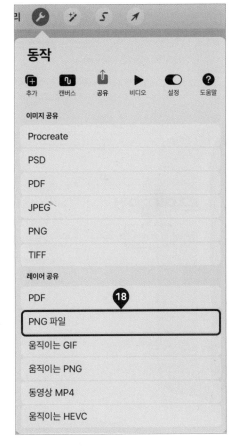

⑱ '레이어 공유 – PNG 파일' 메뉴를 터치합니다.

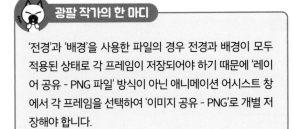

광팔 작가의 한 마디

'전경'과 '배경'을 사용한 파일의 경우 전경과 배경이 모두 적용된 상태로 각 프레임이 저장되어야 하기 때문에 '레이어 공유 – PNG 파일' 방식이 아닌 애니메이션 어시스트 창에서 각 프레임을 선택하여 '이미지 공유 – PNG'로 개별 저장해야 합니다.

⑲ iCloud 또는 아이패드 내부에 폴더를 만들어 저장합니다.

⑳ 'EZGIF.COM'에 접속합니다. OGQ마켓의 애니메이션 스티커는 최대 3초(100 프레임)를 넘어서는 안 되기 때문에 루프 횟수를 정하기 위해 'EZGIF.COM'을 이용하여 제작해야 합니다.

㉑ 메뉴에서 첫 번째 'GIF Maker'를 터치합니다.

아이패드 프로크리에이트로 캐릭터 이모티콘 만들기

㉒ '파일선택'을 터치합니다.

㉓ '탐색'을 터치합니다.

㉔ '둘러보기'에서 이미지를 저장한 경로를 찾아 모두
선택한 후 '열기'를 터치합니다.

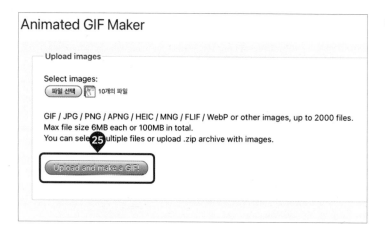

㉕ 'Upload and make a GIF!' 버튼을 터치합니다.

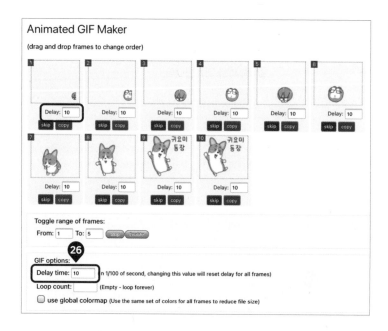

㉖ 프레임의 개수와 해당 프레임의 시간이 함께 표시됩니다. 프로크리에이트에서 작업했던 프레임 유지 지속 시간이 적용되지 않습니다. 프로크리에이트에서 작업한 내용을 참고하여 각 프레임의 시간을 조절하거나 'GIF option'의 'Delay time'에서 전체 속도를 한번에 설정할 수 있습니다.

㉗ 루프 카운트를 입력합니다. OGQ 애니메이션 스티커의 경우 루프 전체 시간이 3초(100프레임)를 넘기면 안 됩니다. 3초 범위 안에서 반복 횟수는 제한이 없습니다.

아이패드 프로크리에이트로 캐릭터 이모티콘 만들기

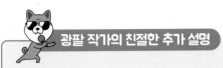

Animated GIF Maker 화면 설명

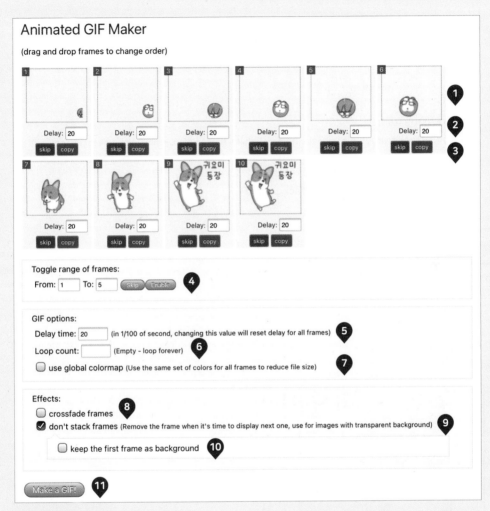

❶ GIF 파일을 만들기 위해 불러온 이미지들
❷ 각 프레임의 시간
❸ 해당 이미지를 건너뛰거나 복사
❹ 프레임 범위 전환. 변경하지 않습니다.
❺ 전체 이미지 시간을 동일한 시간으로 변경
❻ 반복 횟수

❼ 모든 프레임에 동일한 색상 세트를 사용하여 파일 크기 줄이기
❽ 이미지와 이미지가 겹치면서 전환
❾ 선택 필수(선택하지 않으면 첫 번째 프레임이 배경으로 고정됩니다)
❿ 첫 번째 프레임을 배경으로 유지
⓫ GIF 제작!

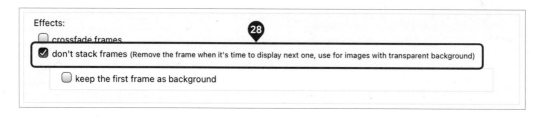

㉘ 이펙트 설정에서 2번째 항목을 체크합니다.

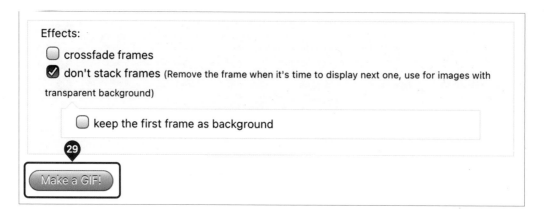

㉙ 'Make a GIF!'버튼을 터치합니다.

㉚ Animated GIF 창을 통해 움직임을 확인합니다.

아이패드 프로크리에이트로 캐릭터 이모티콘 만들기

31 'save' 아이콘을 터치합니다.

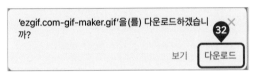

32 팝업창에서 '다운로드'를 터치합니다.

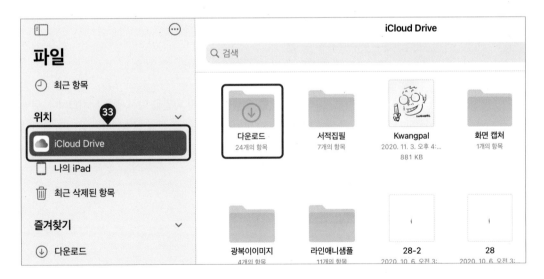

33 '파일' 앱을 열고 왼쪽 리스트에서 'iCloud Drive'를 터치하여 '다운로드' 폴더를 열어 줍니다.

㉞ 'ezgif.com-apng-maker.png' 파일을 찾아 길게 터치하면 세부 메뉴가 나타납니다.

㉟ 세부 메뉴에서 '이름 변경'을 선택하여 순서에 맞는 파일 번호로 바꿔줍니다.

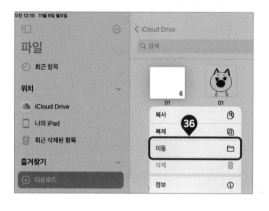

㊱ 이름이 변경된 파일을 다시 길게 터치합니다. 세부 메뉴에서 '이동'을 선택하여 원하는 폴더로 옮깁니다. 필요한 파일 개수만큼 반복하여 저장합니다.

아이패드 프로크리에이트로 캐릭터 이모티콘 만들기

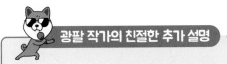

OGQ마켓 애니메이션 스티커 세부 설정

◆ 프레임 나열 순서

각 스티커의 핵심이 되는 모습을 첫 번째 프레임과 마지막 프레임에 동일하게 넣어야 합니다. 첫 번째 프레임은 각 스티커의 섬네일로 사용되며 한 번 재생된 이후에는 마지막 프레임이 정지 상태로 계속 보여지게 됩니다.

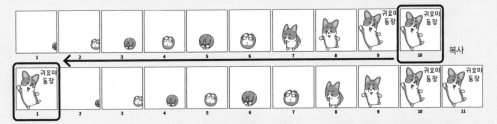

※ 플랫폼마다 세부 설정이 미세하게 다를 수 있으니 해당 플랫폼의 시안 가이드를 꼭 숙지한 후 제작해야 합니다.

 광팔 작가의 한 마디

플랫폼으로 그림을 내보낼 때 배경의 유무를 확인하지 않는 경우가 있습니다.

멈춰 있는 이모티콘과 스티커의 경우는 모두 투명한 배경, 움직이는 이모티콘과 애니메이션 스티커의 경우 카카오톡과 밴드는 흰색 배경, 라인과 OGQ마켓은 투명한 배경입니다. 각 플랫폼의 기준을 잘 확인하시기 바랍니다.

Chapter
06

이모티콘 제안하기

06 이모티콘 제안하기

이제 제작한 이모티콘을 각 플랫폼에 제안하겠습니다. 제안을 할 때는 이모티콘 파일 이외에도 이모티콘의 제목과 내용 같은 정보를 입력해야 합니다. 카카오톡, 라인, 밴드, OGQ마켓 등 각각의 플랫폼에 제안하는 방법을 알아보겠습니다.

1 카카오톡 이모티콘 제안하기

카카오톡은 제안용 파일과 실제 이모티콘 스토어에서 서비스되는 파일이 다릅니다. 제안을 하기 위해서는 멈춰 있는 이모티콘의 경우 PNG 파일, 움직이는 이모티콘의 경우 PNG 파일과 GIF 파일을 제출해야 합니다.

▌멈춰 있는 이모티콘 제안하기

카카오톡 이모티콘은 카카오 이모티콘 스튜디오를 통해 제안할 수 있습니다. 제안 전에 32개의 멈춰 있는 이모티콘 파일이 제대로 변환되었는지 확인하고 이모티콘 제목과 같은 관련 정보들을 준비합니다. 멈춰 있는 이모티콘을 제안할 때 알아두어야 할 내용을 살펴보겠습니다.

종류	크기(px)	개수	파일 형식
멈춰 있는 이모티콘	360×360	32개	PNG

- 시안은 1개당 150KB 이하로 제작해야 합니다.
- 해상도는 72dpi, 컬러모드는 RGB로 설정합니다.

❶ 카카오 이모티콘 스튜디오(emoticon studio.kakao.com)에 접속하여 '제안 시작 하기'를 터치합니다.

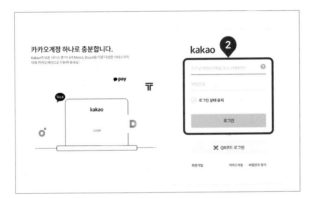

❷ 카카오 계정을 이용하여 로그인합니다.

❸ 멈춰 있는 이모티콘의 '제안하기'를 터치합니다.

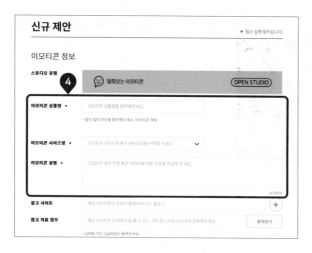

④ 이모티콘 상품명, 이모티콘 시리즈명(혹은 캐릭터명), 이모티콘 설명(200자)을 차례로 입력합니다. 참고 사이트와 참고 자료는 필수 사항이 아니니 선택하여 입력하면 됩니다.

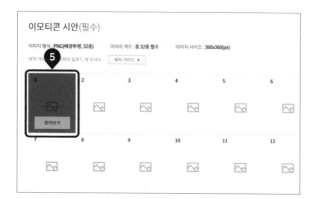

⑤ 이모티콘 시안 입력창의 번호를 터치하면 '찾아보기' 메뉴가 나타납니다.

⑥ 이모티콘이 아이패드의 사진 앱에 저장되어 있다면 '사진 보관함', 'iCloud Drive' 또는 아이패드 내부 저장 장치에 저장되어 있다면 '탐색'을 터치하여 저장된 경로에서 이모티콘을 불러옵니다.

아이패드 프로크리에이트로 캐릭터 이모티콘 만들기

⑦ 업로드한 이모티콘에 문제가 없는지 확인합니다.

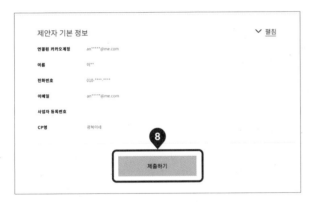

⑧ '제출하기'를 터치하여 제안을 완료합니다. '제안 관리' 메뉴에서 제안 내용을 확인할 수 있습니다.

▌움직이는 이모티콘 제안하기

움직이는 이모티콘 제안은 총 24개의 이모티콘 중 배경이 투명한 21개의 멈춰 있는 PNG 파일과 흰색 배경의 움직이는 GIF 3개로 제출해야 합니다. 3개의 GIF 파일은 최소 기준이며 3개 이상의 GIF 파일을 제출해도 무방합니다.

종류	크기(px)	개수	파일 형식
움직이는 이모티콘	360×360	3개	GIF
		21개	PNG

- 시안은 1개당 2MB 이하로 제작해야 합니다.
- 해상도는 72dpi, 컬러모드는 RGB로 설정합니다.
- 움직이는 이미지 3개는 24프레임 이하의 GIF로 제작합니다.

❶ 카카오 이모티콘 스튜디오(emoticon studio.kakao.com)에 접속하여 '제안 시작하기'를 터치합니다.

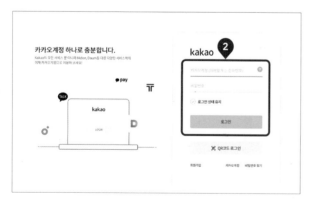

❷ 카카오 계정을 이용하여 로그인합니다.

③ 움직이는 이모티콘의 '제안하기'를 터치합니다.

④ 이모티콘 상품명, 이모티콘 시리즈명(혹은 캐릭터명), 이모티콘 설명(200자)을 차례로 입력합니다. 참고 사이트와 참고 자료는 필수 사항이 아니니 선택하여 입력하면 됩니다.

⑤ 이모티콘 시안 입력창의 번호를 터치하면 '찾아보기' 메뉴가 나타납니다.

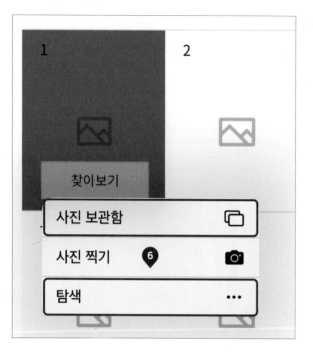

⑥ 이모티콘이 아이패드의 사진 앱에 저장되어 있다면 '사진 보관함', 'iCloud Drive' 또는 아이패드 내부 저장 장치에 저장되어 있다면 '탐색'을 터치하여 저장된 경로에서 이모티콘을 불러옵니다.

⑦ 1, 2, 3에는 움직이는 GIF 파일을, 나머지는 멈춰 있는 PNG 파일을 업로드합니다. 업로드한 이모티콘에 문제가 없는지 확인합니다.

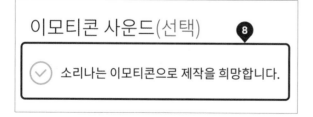

⑧ 사운드가 나오는 이모티콘을 만들고 싶다면 '이모티콘 사운드'에 체크합니다. 제안이 통과되면 사운드가 나오는 이모티콘을 제작하게 됩니다.

아이패드 프로크리에이트로 캐릭터 이모티콘 만들기

9 '제출하기'를 터치하여 제안을 완료합니다. '제안 관리' 메뉴에서 제안 내용을 확인할 수 있습니다.

제안이 완료되면 약 2주에서 한 달 안에 승인 여부를 통보받습니다. 계정에 등록된 메일 주소로 결과 메일이 도착하며 '제안 관리' 메뉴에서도 확인할 수 있습니다. 승인이 되었을 때는 카카오와의 계약을 체결하며 이모티콘 상품화 과정이 진행됩니다. 상품화를 위한 이모티콘 최종 파일 제작 완료 후 1~3개월 내에 출시가 됩니다. 미승인된 이모티콘은 그대로 다시 제안할 수 없지만 부족한 부분을 수정하여 새롭게 제안할 수는 있습니다.

 광팔 작가의 한 마디

최종 상품화까지 걸리는 기간은 이모티콘의 완성도와 내부 사정에 의해 달라질 수 있습니다.

라인은 카카오톡과는 다르게 완성된 전체 파일을 제안하고 심사가 아닌 승인을 받습니다. 파일의 제작 기준을 모두 충족하였고 미풍양속을 해칠 표현이 없다면 승인이 이루어집니다. 멈춰 있는 스티커의 경우 배경이 투명한 PNG 파일, 애니메이션 스티커의 경우 배경이 투명한 APNG 파일로 제출하여야 합니다.

▌ 스티커 가이드

종류	크기(px)	개수	파일 형식
메인 이미지	240×240	1개	PNG
탭 이미지	96×74	1개	PNG
스티커 이미지	370(최대)×320	8개, 16개, 24개, 32개, 40개 중 선택	PNG

- 스티커는 가로 최대 370px에 세로 320px의 크기로 제작해야 합니다.
- 370px 안에서 자유롭게 제작할 수 있지만 정사각형인 320×320px로 제작해도 무방합니다.
- 사방에 10px의 여백이 있어야 하기 때문에 실제 캐릭터가 차지하는 공간은 가로 최대 350px에 세로 300px의 크기로 제작되어야 합니다(정사각형 크기의 경우 300×300px).
- 스티커 관리 페이지에서 제출할 스티커의 개수를 정합니다. 8개, 16개, 24개, 32개, 40개 중 선택하며 최종 제출 전에는 언제든지 개수를 변경할 수 있습니다.
- 모든 이미지는 배경이 투명한 PNG 파일로 제출합니다.
- 해상도는 72dpi, 색상 모드는 RGB로 설정합니다.
- 메인 이미지(main.png)와 탭 이미지(tab.png)를 추가합니다.

| 01.png | 02.png | 03.png | 04.png | 05.png | 06.png | 07.png |
| 08.png | 09.png | 10.png | 11.png | 12.png | 13.png | 14.png |

라인 스티커 - 웰시코기 이광복 씨와 친구들 전체 파일

라인 스티커 - 웰시코기 이광복 씨와 친구들 전체 파일

▌애니메이션 스티커 가이드 알아보기

종류	크기(px)	개수	시간	파일 형식
메인 이미지	240×240	1개	4초	APNG
탭 이미지	96×74	1개		PNG
스티커 이미지	320(최대)×270	8개, 16개, 24개 중 선택	4초	APNG

- 애니메이션 스티커는 가로 최대 320px에 세로 270px의 크기로 제작해야 합니다.
- 320px 안에서 자유롭게 제작할 수 있지만 정사각형인 270×270px로 제작해도 무방합니다.
- 세로는 270px을 넘을 수 없습니다.
- 'EZGIF.COM'을 이용하여 변환하거나 APNG 생성 도구(APNG 어셈블러 등)를 사용하여 파일을 제작합니다.
- 생성된 APNG 파일의 확장자는 '.png'로 표기됩니다.
- 반복 횟수는 1~4회로 하며 전체 재생 시간은 4초를 넘을 수 없습니다.
- 이미지 크기는 1개당 300KB를 넘어선 안 됩니다. 모든 이미지 파일을 ZIP 파일로 압축하여 1개의 파일로 제출하는 경우 크기가 20MB 이하인지 확인합니다.
- 스티커 관리 페이지에서 제출할 스티커의 개수를 정합니다. 8개, 16개, 24개 중 선택하며 최종 제출 전에는 언제든지 개수를 변경할 수 있습니다.
- 모든 이미지는 배경이 투명한 PNG 파일로 제출합니다.
- 해상도는 72dpi, 색상 모드는 RGB로 설정합니다.
- 메인 이미지(main.png)와 탭 이미지(tab.png)를 추가합니다.

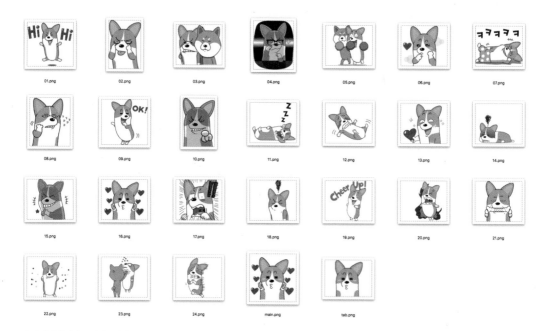

01.png 02.png 03.png 04.png 05.png 06.png 07.png

08.png 09.png 10.png 11.png 12.png 13.png 14.png

15.png 16.png 17.png 18.png 19.png 20.png 21.png

22.png 23.png 24.png main.png tab.png

라인 애니메이션 스티커 - 웰시코기 이광복 씨 전체 파일

▍스티커 및 애니메이션 스티커 제안하기

제출할 스티커와 애니메이션 스티커가 준비되었다면 라인 크리에이터스 마켓(http://creator.line.me/ko)에 로그인하여 제안을 시작합니다. 라인 크리에이터스 마켓은 모두 영어로 되어 있습니다. 영어에 자신이 없다면 아이패드 크롬 브라우저에서 주소창 왼쪽 끝의 공구 아이콘을 터치하여 'Translate Page'를 선

택하면 한국어로 볼 수 있습니다. 대략적인 내용이 파악되었다면 다시 공구 아이콘을 터치하여 원문 보기를 터치하여 영어 페이지로 돌아온 후 입력해야 합니다.

❶ 라인 크리에이터스 마켓(http://creator.line.me/ko)에 접속하여 '마이 페이지'에서 로그인합니다.

아이패드 프로크리에이트로 캐릭터 이모티콘 만들기

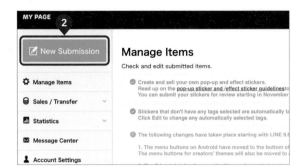

❷ 관리자 페이지 왼쪽 상단의 'New sub
mission'을 클릭해 신규 스티커 제안을 시작
합니다.

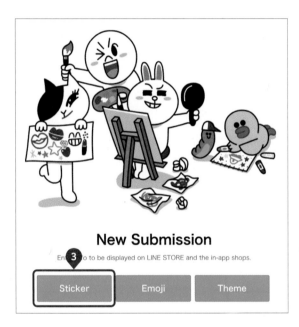

❸ 'New submission' 세부 메뉴 중 'Sticker'를
선택하고 정보 입력 페이지로 이동합니다.

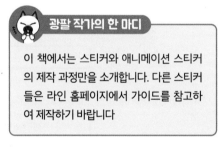

이 책에서는 스티커와 애니메이션 스티커
의 제작 과정만을 소개합니다. 다른 스티커
들은 라인 홈페이지에서 가이드를 참고하
여 제작하기 바랍니다

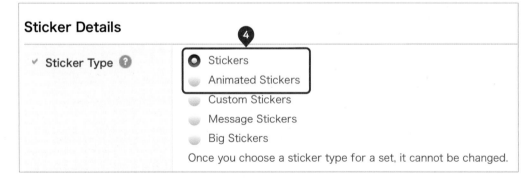

❹ 'Sticker Type'에서 스티커 종류를 선택합니다. 멈춰 있는 스티커는 'Stickers', 움직이는 스티커는 'Animated
Stickers'를 선택합니다. 스티커와 애니메이션 스티커 업로드 방식은 동일합니다. 스티커 종류는 이후 수정할
수 없습니다.

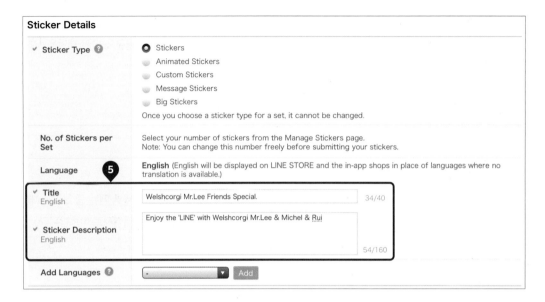

⑤ 'Sticker Details'에서 'Title'과 'Sticker Description'에 스티커 제목과 내용을 영어로 입력합니다. 구글 번역기를 이용하여 번역한 후 붙여넣습니다.

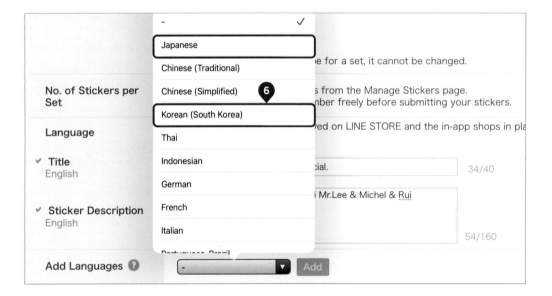

⑥ 'Sticker Details'의 'Add Languages'에서 'Korean(South Korea)'을 추가하여 한글로 제목과 내용을 입력합니다. 라인은 일본에서 사용이 많기 때문에 'Japanese'를 추가하여 일본어로 내용을 입력하는 것을 추천합니다.

❼ 'Product Details' 내용을 작성합니다.

- **Creator's Name:** 스티커 제작자의 이름을 입력합니다. 'Edit'를 이용해 수정합니다.
- **Copyright:** 스티커의 저작권자 이름을 작성합니다. 스티커 소개 페이지의 하단에 표시됩니다.
- **Style Category:** 스티커의 카테고리를 선택합니다. 선택하지 않아도 무방합니다.
- **Character Category:** 스티커에 사용된 캐릭터의 카테고리를 선택합니다. 선택하지 않아도 무방합니다.
- **Privacy Setting:** 스티커의 공개/비공개를 선택합니다. 'Showin LINE STORE/Sticker Shop'을 선택해야 공개됩니다.
- **LINE Stickers Premium:** 라인 스티커 프리미엄 서비스 가입을 위한 설정입니다. 가입하시면 라인 스티커 프리미엄 서비스 이용자들이 스티커를 무료로 사용할 수 있으며, 매달 스티커를 보내는 사용자 수에 따라 금액을 지급받습니다.
- **Sale Region:** 스티커를 서비스할 나라를 선택합니다. 기본 설정인 'Distribute in all available region(모든 나라에 공개)'을 선택합니다.

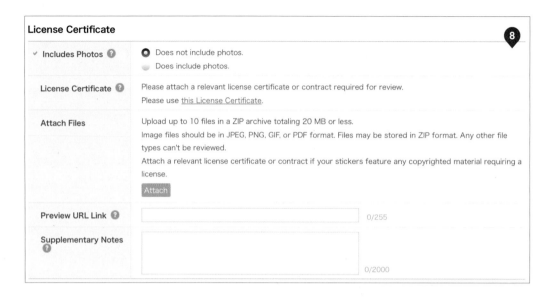

⑧ 'License Certificate'는 초상권 및 저작권이 있는 이미지 또는 사진을 사용했을 때 관련 정보를 입력하는 곳입니다. 초상권 및 저작권이 있는 이미지나 사진을 사용했다면 관련 서류를 제출하고 사용하지 않았다면 작성하지 않아도 됩니다.

- **Includes Photos:** 스티커에 사진을 사용했는지 선택합니다. 사용하지 않았다면 기본 체크되어 있는 'Does not include photos', 사용했다면 'Does include photos'를 선택합니다.
- **License Certificate:** 초상권 및 저작권이 있는 이미지나 사진을 사용했다면 'this License Certificate' 링크를 터치하여 저작권 관련 내용을 작성합니다.
- **Attach Files:** 저작권 사용 계약서를 첨부합니다.
- **Preview URL Link:** 관련 내용 확인을 위한 링크를 작성합니다.
- **Supplementary Notes:** 보충 내용이 있다면 작성합니다.

⑨ 'Save'를 터치해 내용을 저장합니다.

아이패드 프로크리에이트로 캐릭터 이모티콘 만들기

⑩ 프로필 페이지가 완성됐습니다. 'Edit'를 터치해 내용을 수정하거나 'Delete'를 터치해 스티커 페이지를 삭제할 수 있습니다.

⑪ 메인 화면의 'Manage Item'에서 제안 중이거나 판매 중인 스티커의 목록을 확인할 수 있습니다. 목록에서 스티커를 선택하고 'Edit'를 이용해 언제든 수정할 수 있습니다.

스티커 이미지 등록하기

스티커 기본 정보를 등록하고 페이지가 생성됐다면 완성된 스티커 이미지를 등록합니다.

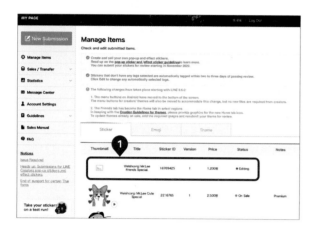

❶ 'Manage Item'에서 스티커로 등록할 아이템을 선택합니다.

❷ 상단 탭 메뉴에서 'Sticker Image'를 선택하고 하단의 'Edit'를 터치합니다.

❸ 'Change number of stickers in set'에서 스티커의 개수를 정합니다.

아이패드 프로크리에이트로 캐릭터 이모티콘 만들기

❹ 'Upload ZIP File'은 전체 스티커 이미지 폴더를 압축하여 한 번에 업로드할 수 있습니다. 하지만 업로드 중에 오류가 생기는 경우가 많으므로 섬네일을 터치하여 개별 스티커로 업로드하길 권장합니다.

❺ 섬네일을 한번 터치하면 'Upload' 버튼이 활성화됩니다.

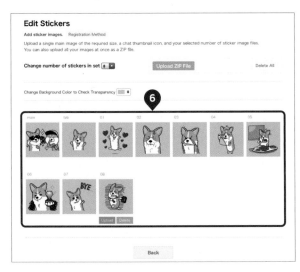

❻ 'Upload'를 터치하여 사진 앱 또는 파일이 저장된 경로에서 이미지를 찾아 메인 이미지와 탭 이미지를 시작으로 순서대로 스티커를 등록합니다.

7 등록한 스티커에 문제가 있다면 붉은색으로 'Error' 표시가 나타납니다.

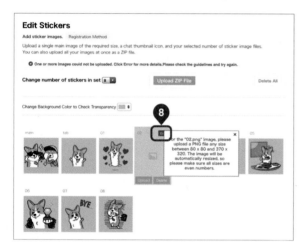

8 해당 스티커의 오류 내용을 확인하고 수정한 뒤 다시 등록합니다.

9 스티커의 등록이 끝났다면 'Back'을 터치해 완료합니다.

아이패드 프로크리에이트로 캐릭터 이모티콘 만들기

⑩ 'Edit'를 터치하여 다시 수정할 수 있습니다.

광팔 작가의 친절한 추가 설명

스티커를 업로드 할 때 'Error' 표시가 나타나는 경우

• 스티커 및 애니메이션 스티커의 크기가 맞지 않을 때

• 전체 애니메이션 시간이 4초를 넘은 경우

• 파일 용량이 300KB를 넘은 경우

• 파일 포맷이 PNG 또는 APNG가 아닌 경우

▌스티커의 태그와 가격 설정하기

스티커 이미지를 모두 업로드했다면 스티커마다
태그를 연결합니다. 태그는 대화 중 스티커 추천에
사용되므로 가급적 등록하는 것이 좋습니다. 태그
를 연결하지 않아도 제안은 할 수 있습니다.

❶ 'Manage Item'에서 스티커로 등록할 아이템을 선택
합니다.

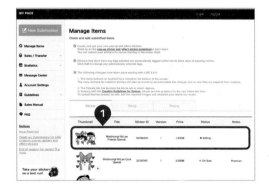

❷ 상단 탭 메뉴에서 'Tag Setting'을 선택하고 각 스티커의 'Edit'를 터치합니다.

❸ 태그 언어를 '한국어'로 선택합니다.

❹ 목록에서 스티커와 맞는 태그를 세개 고릅니다. 태그는 세 개까지 선택할 수 있습니다. 태그 뒤의 괄호 안 숫자는 해당 태그를 공유하는 나라의 숫자입니다.

⑤ 태그를 모두 골랐다면 'Save'를 터치하여 저장합니다. 다른 스티커들도 같은 방법으로 태그를 연결합니다.

⑥ 상단 탭 메뉴에서 'Price Tier'를 터치합니다.

⑦ 금액을 터치하여 원하는 가격으로 설정합니다. 가격은 제작자가 자유롭게 설정할 수 있지만 판매가를 높게 설정하면 판매량이 떨어질 수 있습니다. 스티커의 개수를 고려하여 적정한 가격을 설정하기 바랍니다.

스티커 제안 이후 진행상황 살펴보기

제안하고자 하는 스티커의 Display Infomation(스티커 프로필 작성), Sticker Images(스티커 이미지 등록), Tag Setting(태그 입력), Price Tier(가격 설정)까지 스티커와 관련된 모든 과정을 마쳤으면

❶ 'Preview'를 터치하여 완성된 형태의 스티커 판매 페이지를 확인합니다.

❷ 이상이 없다면 'Request'를 터치하여 스티커를 제안합니다. 팝업 창에서 'I Agree'에 체크하여 관련 내용에 동의한 후 'OK'를 터치하여 완료합니다.

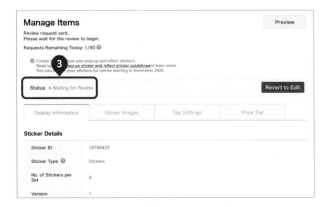

❸ 제안이 완료되면 'Status: Waiting for Review'로 상태가 변경됩니다. 'Revert to Edit'를 터치하면 제안을 취소할 수 있습니다.

❹ 메인 화면에서 'Manage Item'을 터치하면 제안 중이거나 판매 중인 스티커의 목록과 상태를 확인할 수 있습니다.

 광팔 작가의 친절한 추가 설명

제안 스티커 진행 상태 알아보기

- **Editing**: 스티커 수정 중
- **Waiting for Review**: 스티커 제안 후 검토 대기 상태
- **In Review**: 현재 스티커 검토 중
- **Processing**: 관련 부서에서 최종 확인 중
- **Rejected**: 승인 거부. 'Message Center'를 통해 사유를 확인합니다.
- **Approved**: 승인 통과. 상품으로 출시할 수 있습니다.
- **On Sale**: 현재 상품을 판매 중입니다.
- **Sales Stopped**: 제작자가 판매를 중지한 상태입니다.
- **Banned**: 문제가 있는 스티커로 판단되어 판매에서 제외됐습니다.

▌미승인 스티커의 수정사항 확인하기

라인 스티커는 제안 후 약 1~2주 내에 승인 여부를 알려 줍니다. 문제가 없다면 'Approved' 상태로 변경되며 상품화할 수 있지만 미승인이 된다면 'Rejected'로 표시됩니다. 승인이 되지 않았을 경우 'Message Center'를 통해 사유를 확인할 수 있습니다.

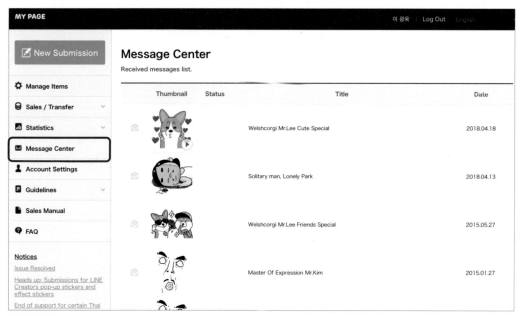

메시지센터

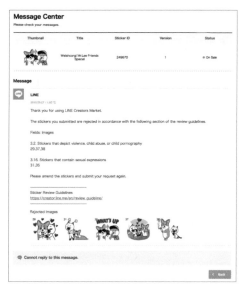

수정 내용

아이패드 프로크리에이트로 캐릭터 이모티콘 만들기

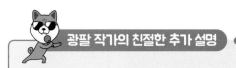

다른 국가나 문화권의 세계관과 충돌할 때

Message Center를 통해 알게 되는 스티커의 미승인 이유는 주로 이미지와 관련된 것이 많지만 이미지 수정이 아닌 '다른 국가나 문화권의 세계관과 충돌할 때'라는 취소 사유를 받는 경우가 있습니다. 그럴 때는 해당 스티커의 프로필 페이지에서 'Edit→Sale Region'에서 'Sell Only in selected region'을 선택한 후 통보된 해당 국가의 체크를 해제하고 다시 'Save'한 후 'Request'를 터치하여 제안하면 됩니다.

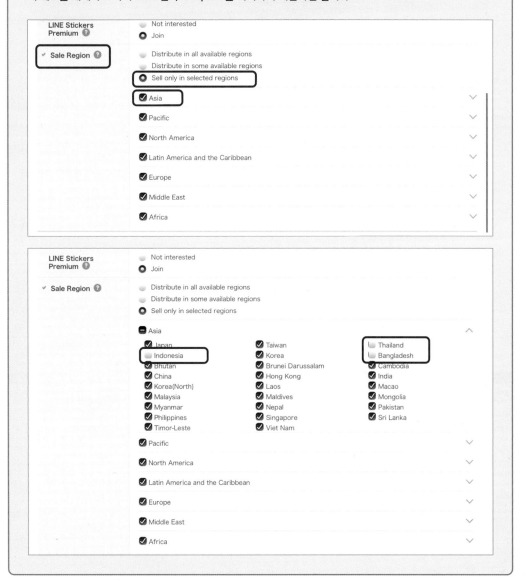

스티커 판매 시작하기

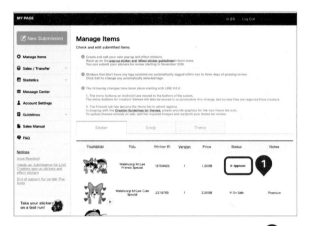

① Manage Item의 스티커 목록에서 제안했던 스티커의 'Status'에 'Approved'가 표시되면 모든 검토가 끝나고 승인된 상태입니다.

② 해당 스티커를 터치하여 스티커 세부 페이지로 넘어가면 오른쪽 상단에 'Release' 버튼이 활성화되어 있습니다. 'Release' 버튼을 터치하면 스티커 판매가 시작됩니다.

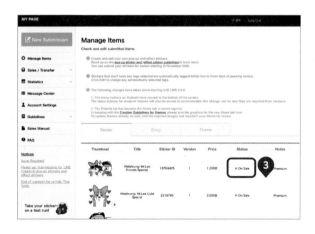

③ 스티커의 'Status'에 'On Sale'로 상태가 표시되고 판매가 시작됩니다.

아이패드 프로크리에이트로 캐릭터 이모티콘 만들기

④ '라인 스티커 스토어: store.line.
me'의 크리에이터스 스티커 페
이지에 스티커가 노출됩니다.
스토어의 상황에 따라 노출에
지연이 있을 수 있습니다.

① 스티커 판매 확인하기

스티커 판매는 메인 화면의 'Sales / Transfer' 메뉴에서 확인할 수 있습니다.

① 'Sales / Transfer'에서 'Sales Report'
를 터치하면 한 달 동안의 판매량을
그래프로 확인할 수 있습니다. 스티커
색을 다르게 표시하여 그래프로 보여
주고 있으며

② 하단에서는 해당 아이템별로 판매 금
액을 확인할 수 있습니다.

❷ 스티커 판매 수익 정산받기

스티커 판매를 시작하면 1개월 단위로 판매 수익에 대한 정산이 이루어집니다. 1일부터 그 달의 마지막 날까지 판매를 기준으로 하며 다음 달 10일쯤에 수익이 통보됩니다. 라인 크리에이터스 마켓(http://creator.line.me/ko)과 라인 앱을 통해 확인할 수 있습니다.

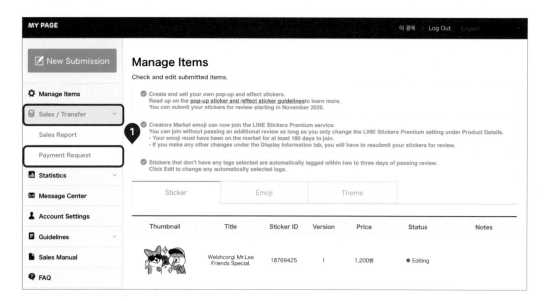

❶ 라인 크리에이터스 마켓(http://creator.line.me/ko) 마이 페이지의 'Sales / Transfer'에서 'Payment Request' 메뉴를 터치합니다.

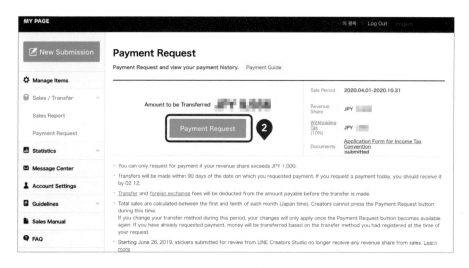

❷ 판매 수익을 정산받으려면 'Payment Request'를 터치합니다.

아이패드 프로크리에이트로 캐릭터 이모티콘 만들기

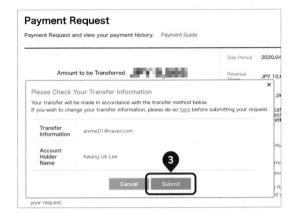

❸ 팝업창에 표시되는 사용 계정을 확인한 후 이상이 없다면 'Submit'을 터치해 수익 정산을 요청합니다.

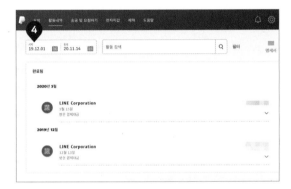
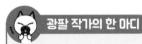

❹ 판매 수익이 최소 JPY 1,000 이상이어야 신청할 수 있습니다. 등록한 페이팔 계정으로 90일 이내에 입금이 됩니다.

광팔 작가의 한 마디

페이팔 계정은 '마이 페이지'의 'Account Settings' 메뉴 'Transfer Information'에서 입력합니다.

광팔 작가의 친절한 추가 설명

페이팔 가입하기

라인은 다른 플랫폼과 달리 페이팔을 통해서만 수익금을 지급합니다. 스티커를 제안할 때 계정에 페이팔 계좌가 등록되어 있어야 합니다. 절차는 회원가입→이메일 인증→은행 계좌 등록→계좌 확인 순서로 진행되며, 계좌 확인까지 며칠이 걸리기 때문에 스티커를 제안할 계획이 있다면 미리 가입하여 계좌 등록 절차를 밟아 두시는 것이 좋습니다.

③ 밴드 스티커 제안하기

네이버 밴드 스티커는 카카오톡처럼 시안을 제출하여 승인을 받는 시스템입니다. 스틸 스티커의 경우 PNG 파일, 애니메이션 스티커의 경우 PNG 파일과 GIF 파일을 제출해야 합니다.

▌스틸 스티커 제안하기

밴드 스틸 스티커 제안은 배경이 투명한 PNG 파일 5개를 제출합니다. 모든 시안을 제작하여 제출해야 하는 카카오톡과 달리 5개의 시안으로 제출할 수 있기 때문에 작업 시간을 줄일 수 있는 장점이 있습니다.

종류	크기(px)	개수	파일 형식
스틸 스티커	370(최대)×320	5개	PNG

• 해상도는 72dpi, 컬러모드는 RGB로 설정합니다.

❶ 밴드 스티커샵(http://partners.band.us)으로 접속하여 '스티커 제휴 제안하기'를 터치합니다.

② 스티커 타입 중에 '스틸 스티커'를 선택합니다.

③ 스티커 제목을 작성합니다.

④ 스티커에 대한 설명을 작성합니다.

⑤ 파일 첨부에서 '+' 부분을 터치합니다.

⑥ 저장한 경로에 따라 스티커를 불러옵니다.

⑦ 스티커에 관한 참고 자료가 있다면 첨부합니다. 필수 사항이 아닌 선택 사항이니 첨부할 자료가 있는 경우에 등록하면 됩니다.

⑧ 이름, 전화번호, 이메일 등 제안자 정보를 입력합니다.

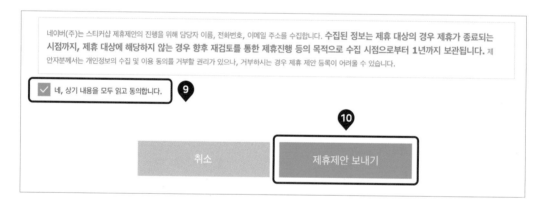

⑨ 개인 정보 활용에 관한 내용을 확인하고 동의를 체크합니다.

⑩ '제휴 제안 보내기'를 터치하면 제안이 접수됩니다.

아이패드 프로크리에이트로 캐릭터 이모티콘 만들기

│ 애니메이션 스티커 제안하기

밴드 애니메이션 스티커 제안은 배경이 투명한 PNG 파일 5개와 흰색 배경의 GIF 파일 3개를 제출합니다.
PNG 파일은 배경이 투명해야 하고 GIF파일은 흰색 배경입니다. 혼돈하지 않도록 주의하기 바랍니다.

종류	크기(px)	개수	파일 형식
애니메이션 스티커	370(최대)×320	3개	GIF
		5개	PNG

- 해상도는 72dpi, 컬러모드는 RGB로 설정합니다.
- GIF 이미지는 반복 재생되도록 제작합니다.

❶ 밴드 스티커샵(http://partners.band.us)으로 접속하여 '스티커 제휴 제안하기'를 터치합니다.

② 스티커 타입 중에 '애니메이션 스티커'를 선택합니다.

③ 스티커 제목을 작성합니다.

④ 스티커에 대한 설명을 작성합니다.

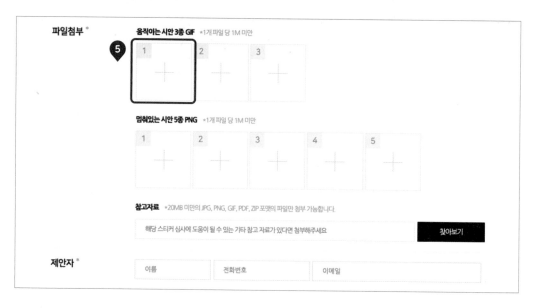

⑤ 파일 첨부에서 '+' 부분을 터치합니다.

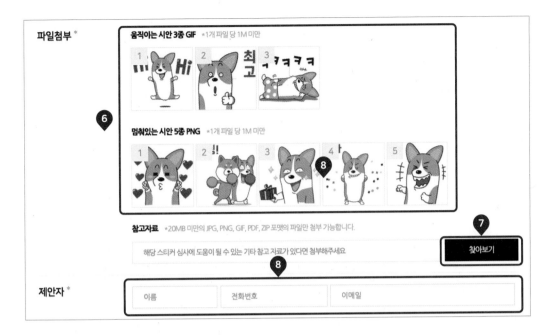

⑥ 스티커 5개, 애니메이션 스티커 3개를 저장한 경로에서 불러옵니다.

⑦ 스티커에 관한 참고 자료가 있다면 첨부합니다. 필수 사항이 아닌 선택 사항이니 첨부할 자료가 있는 경우에 등록하면 됩니다.

⑧ 이름, 전화번호, 이메일 등 제안자 정보를 입력합니다.

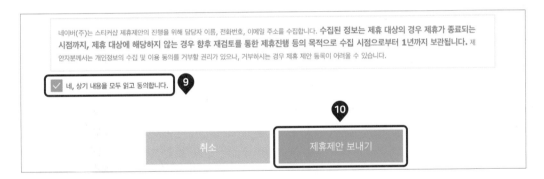

⑨ 개인 정보 활용에 관한 내용을 확인하고 동의를 체크합니다.

⑩ '제휴 제안 보내기'를 터치하면 제안이 접수됩니다.

스티커 심사에는 약 2~4주가 소요됩니다. 스티커가 승인이 되면 판매를 위한 최종 파일 작업을 진행합니다. 스틸 스티커의 경우 총 40개의 PNG 파일로 제작되며 애니메이션 스티커의 경우 총 24개의 GIF 파일로 제작됩니다. 미승인됐을 경우 수정, 보완을 거쳐 다시 제출할 수 있습니다.

4 OGQ마켓 스티커 제안하기

네이버 OGQ마켓 스티커는 완성된 전체 파일을 제출하고 승인을 받는 시스템입니다. 제출하는 파일은 멈춰 있는 스티커의 경우 PNG 파일, 애니메이션 스티커의 경우 GIF 파일입니다. 라인 스티커와 마찬가지로 판매 금액을 창작자가 정할 수 있습니다.

┃ 스티커 제안하기

OGQ 스티커 제안은 24개의 배경이 투명한 PNG 파일을 제출합니다. 라인과 같이 모든 시안을 제작하여 제출합니다. 24개의 스티커 파일과 대표 이미지 1개, 탭 이미지 1개를 합하여 총 26개의 파일을 제출합니다. 홈페이지에서 제출 가이드를 꼼꼼히 확인한 후 제출하기 바랍니다.

종류	크기(px)	개수	파일 형식
메인 이미지	240×240	1개	PNG
탭 이미지	96×74	1개	PNG
스티커 이미지	740×640	24개	PNG

- 해상도는 72dpi, 색상 모드는 RGB로 설정합니다.
- 이미지 용량은 각 1MB 이하로 제작합니다.

❶ 네이버 OGQ마켓(http://ogqmarket.naver.com)으로 접속하여 하단의 '크리에이터 스튜디오'를 터치합니다.

아이패드 프로크리에이트로 캐릭터 이모티콘 만들기

❷ 네이버 계정, 페이스북 계정, 구글 계정 중 원하는 계정으로 로그인합니다.

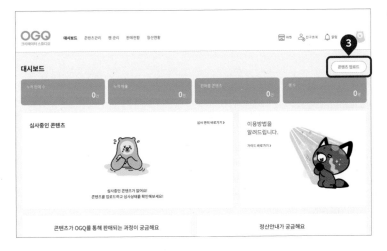

❸ '콘텐츠 업로드'를 터치합니다.

❹ 스티커를 선택합니다.

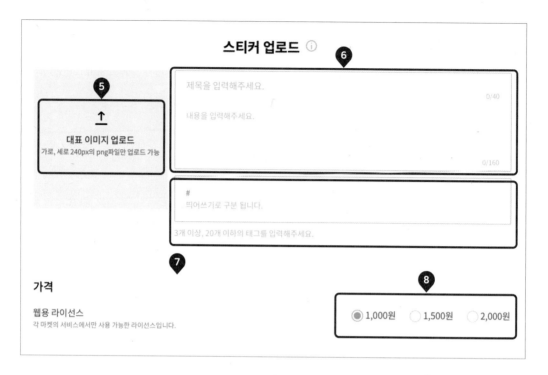

⑤ 240×240px 크기의 대표 이미지를 업로드합니다.

⑥ 스티커의 제목과 내용을 입력합니다.

⑦ 스티커를 위한 태그를 3개 이상, 20개 이하로 입력합니다.

⑧ 판매 금액을 정합니다.

⑨ 1번부터 24번까지 순서대로 정리되어 있는 24개의 스티커 파일을 업로드합니다.

⑩ 96×74px 크기의 탭 이미지를 업로드합니다.

⑪ 아프리카TV BJ일 경우 퍼블리시티권 매칭을 선택할 수 있습니다.

⑫ 파일과 스티커 관련 내용 점검 후 '업로드하기'를 터치하여 제출합니다.

▎애니메이션 스티커 제안하기

OGQ 애니메이션 스티커 제안은 24개의 배경이 투명한 GIF 파일을 제출합니다. 24개의 애니메이션 스티커 파일과 대표 이미지 1개, 탭 이미지 1개를 합하여 총 26개의 파일을 제출합니다. 홈페이지에서 제출 가이드를 꼼꼼히 확인한 후 제출하기 바랍니다.

종류	크기(px)	개수	시간	파일 형식
메인 이미지	240×240	1개		PNG
탭 이미지	96×74	1개		PNG
스티커 이미지	740×640	24개	최대 3초(100프레임)	GIF

• 해상도는 72dpi, 컬러모드는 RGB로 설정합니다.

• 이미지 용량은 각 1MB 이하로 제작합니다.

• 애니메이션 스티커의 재생 시간은 최대3초(100프레임)이며 그 안에서 반복 횟수는 제한이 없습니다.

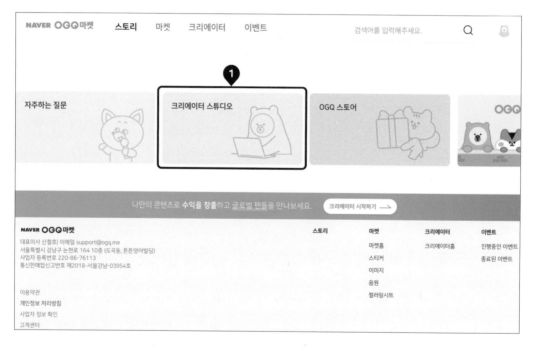

❶ 네이버 OGQ마켓(http://ogqmarket.naver.com)으로 접속하여 하단의 '크리에이터 스튜디오'를 터치합니다.

❷ 네이버 계정, 페이스북 계정, 구글 계정 중 원하는 계정으로 로그인합니다.

❸ '콘텐츠 업로드'를 터치합니다.

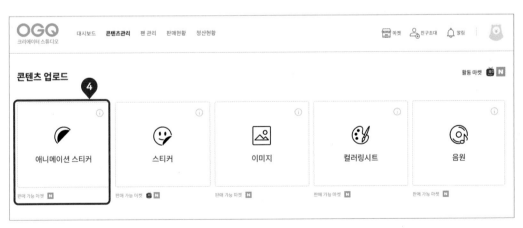

❹ 스티커를 선택합니다.

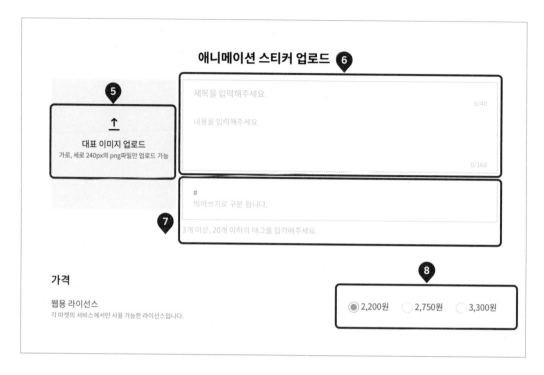

⑤ 240×240px 크기의 대표 이미지를 업로드합니다.

⑥ 스티커의 제목과 내용을 입력합니다.

⑦ 스티커를 위한 태그를 3개 이상, 20개 이하로 입력합니다.

⑧ 판매 금액을 정합니다.

아이패드 프로크리에이트로 캐릭터 이모티콘 만들기

9 1번부터 24번까지 순서대로 정리되어 있는
24개의 스티커 파일을 업로드합니다.

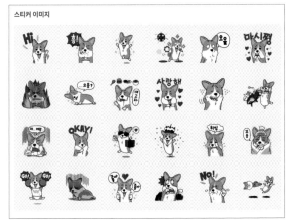

10 96×74px 크기의 탭 이미지를 업로드합니다.

11 파일과 스티커 관련 내용 점검 후 '업로드
하기'를 터치하여 제출합니다.

스티커의 심사 기간은 내부 사정 및 콘텐츠에 따라 지연될 수 있지만 기본적으로 최대 2주가 소요됩니다. 승인 통과 시에 즉시 마켓에서 판매할 수 있습니다. 미승인 시에는 미승인 사유를 수정하면 재심사를 요청할 수 있습니다.

▌판매자 정보 입력하고 정산받기

마켓에서 판매가 이루어지면 판매 현황과 정산 내용을 확인할 수 있습니다.

❶ 판매 현황을 확인하기 위해서 상단의 '판매 현황' 메뉴를 터치합니다.

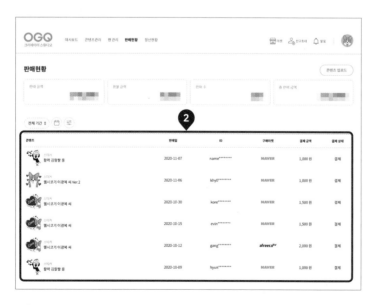

❷ 판매가 이루어진 스티커와 날짜, 전체 판매 수, 총 판매 금액 등을 확인할 수 있습니다.

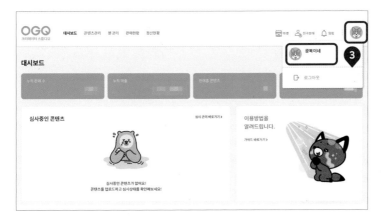

정산에 필요한 정보를 입력
하기 위해
❸ 우측 상단의 프로필을 터치
합니다.

❹ '판매자 정보'를 터치합니다.

❺ 개인 정보를 확인하고 은행과 계좌번호를 입력하고 인증을 받습니다.

❻ '저장'을 터치합니다.

이제 한 달간의 판매에 따른 정산이 이루어지며 입력한 통장으로 입금이 됩니다.

어떠한 일을 처음 시작할 때는 항상 설레지만, 한편으로는 해보지 않은 일에 대한 걱정과 두려움도 공존하는 것 같습니다. 이모티콘 제작 집필을 결정했을 때 책을 쓴다는 두근거림도 잠시, 곧 엄청난 걱정과 두려움이 다가왔습니다. 이모티콘 제작을 주제로 수많은 강의를 진행했지만 실제로 만나서 서로의 생각을 나누며 정보를 전달하는 것과 누군지 알 수 없는, 불특정 다수를 대상으로 하는 책을 집필하는 것은 꽤 많은 차이가 있었습니다. 허공을 바라보며 가상의 인물을 떠올리고 그 인물이 원하는 이야기를 끄집어내야만 했죠. 이모티콘을 출시한 경험이 있다고 해서 100% 승인받는 방법이나 판매 1위 이모티콘을 그리는 법에 대한 해답을 알고 있는 것은 아닙니다. 그래서 '어떤 이야기를 해야 할까?' 정말 많이 고민했고 처음 시작하시는 분들에게 꼭 필요한 정보, 이모티콘을 제작하고 이모티콘 관련 강의를 하며 경험했던 1부터 100까지의 모든 노하우를 전해드리기 위해 노력했습니다.

그런 과정 끝에 원고가 마무리되었고 이렇게 여러분과 만났습니다. 책 만드는 전체 과정을 겪고 보니 다시 책을 쓰게 된다면 여러 방면으로 능숙할 수 있지 않을까 생각합니다. 제 무덤을 파는 이야기 같기도 하네요(편집자님께서 보시고 '피식' 하실 듯...).

머릿속에서 구상만 하거나 완성도를 높이기 위해 너무 오랜 시간 고민하다가 결국 완성하지 못하는 경우를 많이 보았습니다. 그래서 처음 이모티콘을 시작하는 분들에게 최대한 빨리 전체 과정을 끝내시라는 말씀을 드립니다. 한 번 경험하고 나면 다음에 작업할 때 더 나은 계획 세울 수 있고, 기획부터 스토어 등록까지 이모티콘 제작에 관한 시야가 분명 더 넓어지는 것을 느끼실 수 있습니다. 그렇게 꾸준히 도전하면 여러분 모두 원하는 결과를 얻을 수 있을 것입니다.

처음 네이버라인공모전을 통해 제가 만든 이모티콘을 사람들이 사용하는 모습을 보고 느꼈던 뿌듯함을 아직도 잊을 수 없습니다. 이 책을 읽고 계신 독자 여러분도 저와 같은 경험을 할 수 있다면 좋겠습니다. 이 책이 '내가 직접 만든 이모티콘을 사용하면 얼마나 좋을까?'라고 상상만 했던 많은 분의 상상을 현실로 만드는 좋은 길잡이가 되길 바랍니다. 그리고 모두 원하는 이모티콘을 완성하길 진심으로 응원하겠습니다! 감사합니다.

찾아보기

아이패드 프로크리에이트로
캐릭터 이모티콘 만들기
아이패드로 가장 재미있게 돈 버는 방법

2022년 3월 4일 | 1판 3쇄

지은이	이광욱
펴낸이	김범준
기획/책임편집	김수민
교정교열	이현혜
편집디자인	장수비
표지그림	이광욱
표지디자인	장수비

발행처 비제이퍼블릭
출판신고 2009년 05월 01일 제300-2009-38호
주 소 서울시 중구 청계천로 100 시그니쳐타워 서관 10층 1060호
주문/문의 02-739-0739 **팩스** 02-6442-0739
홈페이지 http://bjpublic.co.kr **이메일** bjpublic@bjpublic.co.kr

가격 23,000원
ISBN 979-11-6592-040-1
한국어판 © 2021 비제이퍼블릭

예제 파일 다운로드 https://bjpublic.tistory.com/395